団体受験テスト対応

TOEFL® ITP テスト 総合スピード マスター 入門編

高橋 良子
Takahashi Ryoko

クレイグ・ブラントリー
Craig Brantley

TOEFL is a registered trademark of Educational Testing Service (ETS).
This publication is not endorsed or approved by ETS.

Jリサーチ出版

学習者の皆さんへ

　TOEFL (Test of English as a Foreign Language) は、米国の非営利教育団体 ETS (Educational Testing Service) によって作成されている、アカデミック・イングリッシュのテストです。学術的な環境で英語を習得・運用できるかどうかが測定されます。個人で受験する場合には、コンピューターを利用する TOEFL iBT を受けますが、大学などで団体受験が行われる場合は、ペーパー版テストである TOEFL ITP が実施されます。TOEFL ITP は、教育機関におけるクラス分けや単位認定の基準設定、習熟度の測定、奨学金の選考などさまざまな目的のために利用されています。

　就職活動中の学生や、企業で働くビジネスパーソンが受験する TOEIC (Test of English for International Communication) は、主にビジネスで使われる英語に焦点が置かれています。一方 TOEFL では、英語圏の大学の授業や大学生活において使われる英語が出題されるので、TOEIC に比べると学術的で難易度が高いといえます。初級者の皆さんは、どこから手をつければいいのか、とはじめは苦戦するかもしれません。
　本書は、TOEFL ITP へのはじめの一歩を踏み出し、1 冊で総合的な対策を行いたい、という人のために作成されました。

● セクション別の戦略と解法

　TOEFL ITP にはリスニング、ストラクチャー（文法）、リーディングの３つのセクションがあります。本書では、まず各セクションの形式と特徴を説明し、どのように取り組むべきかという基本戦略を提示しています。そして、それぞれのセクションで高得点を得るために役立つ 48 の実践的な解法を、詳しく紹介しています。多くの解法には例題を収録しているので、実際に解きながら身につけることができます。

● 模擬テストと解説

　本書には模擬テスト１回分が収録されています。学習の成果を試すために、また本試験の予行演習のために活用してください。答え合わせを通して苦手な部分を克服できるように、詳細な解説をつけています。解説には TOEFL 攻略に必要な重要語句も載せているので、何度も復習して「TOEFL 語彙力」を身につけてください。

　ITP 対策の学習をすれば、皆さんの総合的な英語運用能力は間違いなく底上げされます。それはまた、TOEFL iBT、TOEIC、英検などあらゆる英語の資格・試験の対策にもつながるでしょう。本書が、皆さんのスコアアップのために役に立つことを、心から願っています。

著者

CONTENTS

2	学習者の皆さんへ
6	本書の構成と利用法

Introduction ··· 8

8	TOEFL® ITP テストとは？
9	テストの構成は？
10	試験の準備と注意点

全セクション・ストラテジー ···························· 11

Section 1: Listening Comprehension

12	Part A の特徴と対策
14	Part B の特徴と対策
16	Part C の特徴と対策
18	解法 1 〜 18

Section 2: Structure and Written Expression

42	Structure の特徴と対策
44	Written Expression の特徴と対策
46	解法 19 〜 39

Section 3: Reading Comprehension

78	特徴と対策
80	解法 40 ～ 48

模擬テスト 103

105	解答用紙
107	ディレクションについて
111	Section 1
125	Section 2
136	Section 3

別冊　模擬テスト　正解・解説 ....

2	正解一覧
3	スコア予測表
4	Section 1
39	Section 2
55	Section 3

本書の構成と利用法

　本書ははじめて TOEFL ITP テストを受験する人が、テストの全貌を知り、3 つのセクション別に解法を身につけるために作成されています。全体は 4 部構成になっています。

ステップ 1 TOEFL ITP の全貌をつかもう

Introduction では、TOEFL ITP についての基本的な情報を紹介しています。はじめて受ける人は全体像を把握しておきましょう。

ステップ 2 全セクションの出題傾向・基本戦略・解法をマスターしよう

❶各セクションの冒頭で、パート別の特徴と対策を紹介しています。出題形式と傾向に合わせた、効果的な基本戦略を知っておきましょう。

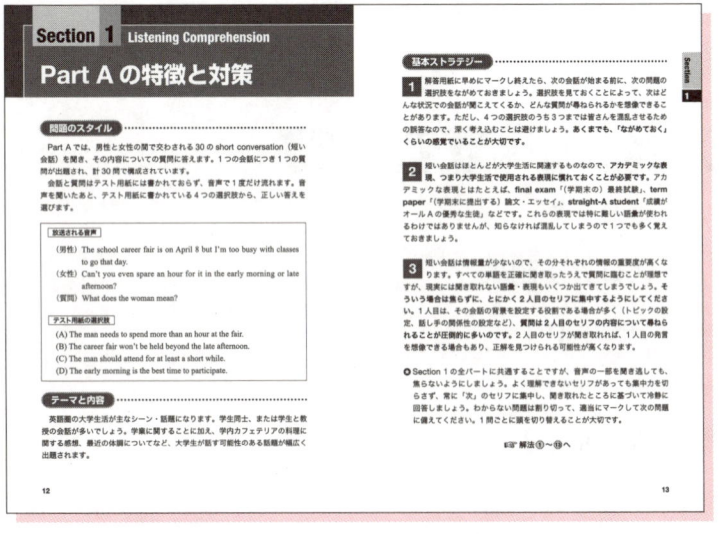

❷ 3つのセクション別に、計48の解法を紹介しています。多くの解法には例題がついているので、実際に解きながら解法を身につけましょう。

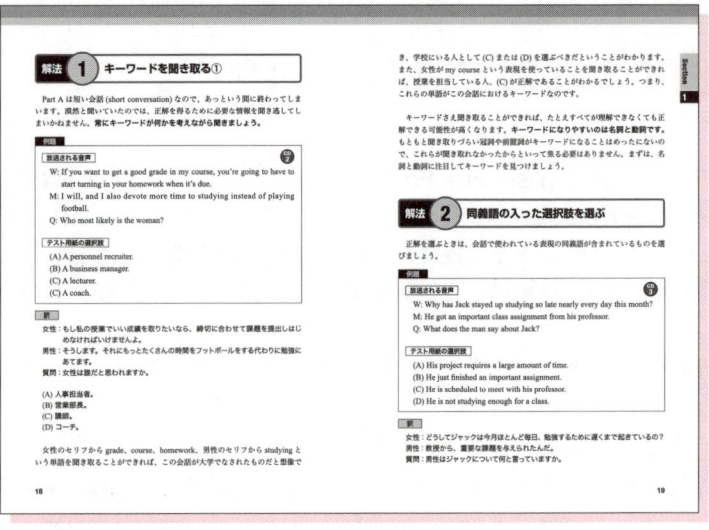

ステップ3　模擬テストに挑戦しよう

学習の成果を試すために、模擬テストに挑戦しましょう。本試験と同じように時間をはかり、約115分で解いてみましょう。

ステップ4　別冊で答え合わせと復習をしよう

別冊の「正解・解説」を本冊から引っ張り、外します。全140問の解説を読みながら、問題を把握していきましょう。適用できる解法を把握し、間違った問題はしっかり復習してください。「チェック！　重要語句」のボキャブラリーを覚え、語彙増強をしておきましょう。

CD について

CD には、以下の部分が収録されています。
解法 1、2、3、7、8、9、10、11、12、13、15、17、18 の例題
模擬テストの Section 1: Listening Comprehension

7

Introduction

TOEFL® ITP テストとは？

TOEFL (Test of English as a Foreign Language) は、米国の非営利教育団体 ETS (Educational Testing Service) が作成している、アカデミック・イングリッシュのテストです。大学の授業のような、学術的な環境で英語を使えるかどうかが測定されます。結果は合否判定ではなくスコアによって評価されます。

現在日本で実施されている TOEFL には以下の 2 種類があります。

TOEFL iBT (Internet-based Test)
- 現在の日本における、TOEFL の公式のテスト。コンピューター上で問題を解く
- 個人で申し込みができる。スコアは米国をはじめ世界の多くの大学で留学資格として認定されている
- テストの構成は、リーディング、リスニング、スピーキング、ライティング

TOEFL ITP (Institutional Test Program)
- TOEFL PBT（ペーパー版テスト）の過去問題を再利用している。解答はマークシートに記入する
- 団体受験テストなので、個人での申し込みはできない。スコアは団体内でのみ有効
- テストの構成は、リスニング、ストラクチャー（文法）、リーディング

ITP は、主に大学などの教育機関におけるクラス分け、単位認定、習熟度の測定、留学希望者の選抜、iBT 受験の準備などに活用されています。

※ ITP には Level 1 TOEFL と Level 2 Pre-TOEFL の 2 種類があり、Level 2 は難易度が低くなっています。本書は ITP の Level 1 に対応しています。
※ TOEFL に関する詳しい情報は、TOEFL® テストの日本事務局である国際教育交換協議会（CIEE）日本代表部のウェブサイトも参照してください。http://www.cieej.or.jp/

テストの構成は？

Section 1

Listening Comprehension（リスニング）50問　約35分

Part A: Short Conversations（短い会話）30問
Part B: Longer Conversations（長い会話）8問
Part C: Talks（トーク）12問

会話とトーク、それに付属する質問を聞き、正しいものを4つの選択肢から選ぶ。テスト用紙には選択肢のみが印刷されている。

Section 2

Structure and Written Expression（文法）40問　25分

Structure　15問
文の空所に最も適切な語句を4つの選択肢から選ぶ。

Written Expression　25問
文の4ヵ所に引かれた下線から、間違っているものを選ぶ。

Section 3

Reading Comprehension（長文読解）　50問　55分

5つのパッセージを読んで、各パッセージにつき10問程度の設問に答える。すべて4肢択一。

| 合計　140問　約115分 |

試験の準備と注意点

試験前

□ **模擬テストで、試験の時間の流れに慣れておきましょう。**本試験では、テスト開始時の説明を入れると2時間を越えます。本書の模擬テストは実際に時間をはかって行い、自分に合った時間配分と集中力の持続をトレーニングしてください。

□ **試験の前日はゆっくり休みましょう。**特に睡眠は大切です。TOEFLは長時間の試験なので、前日に十分な睡眠をとっていないと、疲れや緊張から眠くなってしまうことがあります。

本試験

□ **TOEFLでは、試験用紙にメモなどを書き込むことは許可されていません。**書き込みは不正行為とみなされてしまうので、気をつけましょう。

□ **解答用紙を塗りつぶすとき、問題と答えの番号が一致していることを必ず確かめましょう。**特に、わからない問題をとりあえず飛ばして次の問題に行く場合は注意です。また、解答用紙は機械によって採点されるので、余計な印や不十分なマークがないように注意しましょう。

□ **マークシート方式なので、まったくわからないときは、どの選択肢でもいいのでとにかく解答用紙を塗りつぶしておきましょう。**ただし、間違った選択肢をいくつか消去できるときは、正しいと思われる選択肢の中から選ぶことが大切です。

□ **試験時間が余ったら、答えを見直す癖をつけましょう。**次のセクションを覗いたり、前のセクションに戻ることはできませんが、同じセクションであればどの問題に戻っても構いません。

※試験会場でもしも席が自由に選べる場合は、オーディオ機器のすぐ前に座ると音量をうるさく感じてしまうことがあるので避けましょう。また、集中力を持続させるために、窓際も避けたほうがよいかもしれません。

スコアアップのための

全セクション・ストラテジー

Section 1: Listening Comprehension
Part A の特徴と対策 ………………………………… 12
Part B の特徴と対策 ………………………………… 14
Part C の特徴と対策 ………………………………… 16
解法 1 ～ 18 …………………………………………… 18

Section 2: Structure and Written Expression
Structure の特徴と対策 …………………………… 42
Written Expression の特徴と対策 ……………… 44
解法 19 ～ 39 ………………………………………… 46

Section 3: Reading Comprehension
特徴と対策 …………………………………………… 78
解法 40 ～ 48 ………………………………………… 80

Section 1　Listening Comprehension

Part A の特徴と対策

問題のスタイル

　Part A では、男性と女性の間で交わされる 30 の short conversation（短い会話）を聞き、その内容についての質問に答えます。1 つの会話につき 1 つの質問が出題され、計 30 問で構成されています。

　会話と質問はテスト用紙には書かれておらず、音声で 1 度だけ流れます。音声を聞いたあと、テスト用紙に書かれている 4 つの選択肢から、正しい答えを選びます。

放送される音声

（男性）The school career fair is on April 8 but I'm too busy with classes to go that day.

（女性）Can't you even spare an hour for it in the early morning or late afternoon?

（質問）What does the woman mean?

テスト用紙の選択肢

(A) The man needs to spend more than an hour at the fair.

(B) The career fair won't be held beyond the late afternoon.

(C) The man should attend for at least a short while.

(D) The early morning is the best time to participate.

テーマと内容

　英語圏の大学生活が主なシーン・話題になります。学生同士、または学生と教授の会話が多いでしょう。学業に関することに加え、学内カフェテリアの料理に関する感想、最近の体調についてなど、大学生が話す可能性のある話題が幅広く出題されます。

基本ストラテジー ●●●●●●●●●●●●●●●●●●●●●●●●●●●●●●

1 解答用紙に早めにマークし終えたら、次の会話が始まる前に、次の問題の選択肢をながめておきましょう。選択肢を見ておくことによって、次はどんな状況での会話が聞こえてくるか、どんな質問が尋ねられるかを想像できることがあります。ただし、4つの選択肢のうち3つまでは皆さんを混乱させるための誤答なので、深く考え込むことは避けましょう。**あくまでも、「ながめておく」くらいの感覚でいることが大切です。**

2 短い会話はほとんどが大学生活に関連するものなので、**アカデミックな表現、つまり大学生活で使用される表現に慣れておくことが必要です。**アカデミックな表現とはたとえば、**final exam**「（学期末の）最終試験」、**term paper**「（学期末に提出する）論文・エッセイ」、**straight-A student**「成績がオールAの優秀な生徒」などです。これらの表現では特に難しい語彙が使われるわけではありませんが、知らなければ混乱してしまうので1つでも多く覚えておきましょう。

3 短い会話は情報量が少ないので、その分それぞれの情報の重要度が高くなります。すべての単語を正確に聞き取ったうえで質問に臨むことが理想ですが、現実には聞き取れない語彙・表現もいくつか出てきてしまうでしょう。**そういう場合は焦らずに、とにかく2人目のセリフに集中するようにしてください。**1人目は、その会話の背景を設定する役割である場合が多く（トピックの設定、話し手の関係性の設定など）、**質問は2人目のセリフの内容について尋ねられることが圧倒的に多いのです。**2人目のセリフが聞き取れれば、1人目の発言を想像できる場合もあり、正解を見つけられる可能性が高くなります。

❂ Section 1の全パートに共通することですが、音声の一部を聞き逃しても、焦らないようにしましょう。よく理解できないセリフがあっても集中力を切らさず、常に「次」のセリフに集中し、聞き取れたところに基づいて冷静に回答しましょう。わからない問題は割り切って、適当にマークして次の問題に備えてください。1問ごとに頭を切り替えることが大切です。

☞ 解法 ① 〜 ⑬ へ

Section 1 Listening Comprehension

Part B の特徴と対策

問題のスタイル

　Part B では、男性と女性の間で交わされる 2 つの longer conversation（長い会話）を聞き、その内容についての質問に答えます。Part A よりも長い会話なので、男女がそれぞれ複数回発言します。1 つの会話につき 4 問程度が出題され、計 2 題 8 問で構成されています。

　会話と質問はテスト用紙には書かれておらず、音声で 1 度だけ流れます。音声を聞いたあと、テスト用紙に書かれている 4 つの選択肢から、正しい答えを選びます。

放送される音声

（女性）It's going to be more expensive to live in our dormitories next semester—their fees are going to be increased next semester by 14 percent.

（男性）Really? I don't know how we'll able to pay that.

（女性）Maybe it'd be cheaper to just live at home with my parents and commute to school every day.

（男性）Yes, but my family lives over 50 miles away so that's not really an option for me. I can only live either on campus or in an apartment or a rented house.

（以下略）

（質問）Where do the man and woman currently live?

テスト用紙の選択肢

(A) In dormitories.

(B) At home with parents.

(C) In apartments.

(D) In rented houses.

14

テーマと内容 ••

　主なシーンと話題は、Part A と同様です。登場人物も Part A と同じく、学生、教授、大学のスタッフなどになります。進路相談、履修の諸手続き、キャンパスでの催しについてなど、多くの情報を含む具体的なやりとりが行われます。

基本ストラテジー ••

1 早めに答えをマークできたら、次の問題の選択肢を見ておきましょう。Part A と同じ戦略です。ただし、Part B ではひとつの会話について複数の質問が出題されるので、2 問目以降は次の会話を予測するのではなく、**すでに聞いた会話をもとに、質問を予測する**ことが可能となります。

2 会話のシーンと内容は、Part A と同様に大学生活です。ここでもアカデミックな表現に慣れておくことが重要になります。学生同士や、学生と教授、学生と大学の事務員など、キャンパスにおける会話が頻繁にとりあげられます。

3 Part B の会話は長いので、すべての語彙・表現を完全に理解しようとするのは現実的ではありません。それよりも、会話の主旨や流れをつかむことが重要です。たとえば、「男性は学生寮でトラブルを抱えているのだな」（主旨）、「学生寮でトラブルを抱えている男性に対して、女性がアドバイスを行っているのだな」（流れ）ということをまず理解すれば、正解できる可能性も高くなります。

☞ 解法 ① 〜 ⑬ を参照後、**Part B** 特有の解法は ⑭ 〜 ⑰ へ

Section 1 Listening Comprehension

Part C の特徴と対策

問題のスタイル

　Part C では、1人の話し手による talk（トーク）を聞き、その内容についての質問に答えます。トークは3つで、1つのトークにつき3問から5問程度が出題され、計3題12問で構成されています。

　トークと質問はテスト用紙には書かれておらず、音声で1度だけ流れます。質問を聞いたあと、テスト用紙に書かれている4つの選択肢から、正しい答えを選びます。

放送される音声

Listen to the following talk about psychology.

OK... in our last class we were talking about "rationality," weren't we? Some social scientists have long maintained that human beings are rational. That is, they act in their own self-interest as they understand it. According to this theory, humans consider the costs and benefits of any action and act accordingly. The "rational human" theory has been incorporated into parts of sociology, psychology, economics and philosophy. Yet, the rational human theory has failed ...

（以下略）

（質問）What does the speaker indicate about human instinct?

テスト用紙の選択肢

(A) It may explain more than conventional assumptions.

(B) It fails to account for a great deal of human irrationality.

(C) It mainly acts on rumors and panics.

(D) It emerges primarily when people form groups.

16

テーマと内容

　英語圏の大学で行われる、基礎レベルの講義が最も多いでしょう。講義の科目は幅広く出題され、天文学、地質学、化学、生物学、アメリカ史、古代史、芸術史、社会学など多岐にわたります。したがって各分野・科目に特有の専門的な語彙も多く含まれます。

基本ストラテジー

1 Part A、Part B と同様に、早く解答できたら次の質問の選択肢を見ておきましょう。Part C のトークではこの戦略の重要度がますます高まります。**選択肢を見ておくことで、長くて複雑なトークのどこに集中して聞くべきかを予測することが可能な場合がある**からです。トークが始まる前に、そのトークに対するすべての質問の選択肢をざっと確認しておくことができると、最も理想的です。

2 講義では、聞いたことのない専門用語が頻出します。けれども、これらの専門用語に惑わされないようにしましょう。専門用語は大抵は話の中で説明されますし、説明されないようなものは理解できなくても回答に支障がない場合が多いのです。難解な表現を聞いてもパニックにならず、まずは平易な表現を聞き取って内容をつかんでいきましょう。

3 Part C のトークは長いので、記憶力の勝負でもあります。せっかく正確に理解した内容でも、トークの長さと情報量の多さに邪魔されて、質問にたどりついたころに忘れてしまっていては正解できません。長いトークを記憶するには、頭の中でノートをとっていくように情報を整理することがおすすめです（実際にテスト用紙にメモをとることは、禁止されています）。トークを漫然と聞き流すのではなく、「このトピックに関して、有力な学説はこう言っているのだな」「しかしこの学説には 2 つの問題点があるのだな」などと確認しながら聞くと、情報が整理され、記憶の持続にもつながります。

☞ 解法 ① 〜 ⑰ を参照後、**Part C** 特有の解法は ⑱ へ

17

解法 ① キーワードを聞き取る①

Part A は短い会話 (short conversation) なので、あっという間に終わってしまいます。漠然と聞いていたのでは、正解を得るために必要な情報を聞き逃してしまいかねません。**常にキーワードが何かを考えながら聞きましょう。**

例題

放送される音声

W: If you want to get a good grade in my course, you're going to have to start turning in your homework when it's due.

M: I will, and I also devote more time to studying instead of playing football.

Q: Who most likely is the woman?

テスト用紙の選択肢

(A) A personnel recruiter.

(B) A business manager.

(C) A lecturer.

(C) A coach.

訳

女性：もし私の授業でいい成績を取りたいなら、締切に合わせて課題を提出しはじめなければいけませんよ。

男性：そうします。それにもっとたくさんの時間をフットボールをする代わりに勉強にあてます。

質問：女性は誰だと思われますか。

(A) 人事担当者。

(B) 営業部長。

(C) 講師。

(D) コーチ。

女性のセリフから grade、course、homework、男性のセリフから studying という単語を聞き取ることができれば、この会話が大学でなされたものだと想像で

18

き、学校にいる人として (C) または (D) を選ぶべきだということがわかります。また、女性が my course という表現を使っていることを聞き取ることができれば、授業を担当している人、(C) が正解であることがわかるでしょう。つまり、これらの単語がこの会話におけるキーワードなのです。

キーワードさえ聞き取ることができれば、たとえすべてが理解できなくても正解できる可能性が高くなります。**キーワードになりやすいのは名詞と動詞です。**もともと聞き取りづらい冠詞や前置詞がキーワードになることはめったにないので、これらが聞き取れなかったからといって焦る必要はありません。まずは、名詞と動詞に注目してキーワードを見つけましょう。

解法 2 同義語の入った選択肢を選ぶ

正解を選ぶときは、会話で使われている表現の同義語が含まれているものを選びましょう。

例題

放送される音声

W: Why has Jack stayed up studying so late nearly every day this month?

M: He got an important class assignment from his professor.

Q: What does the man say about Jack?

テスト用紙の選択肢

(A) His project requires a large amount of time.

(B) He just finished an important assignment.

(C) He is scheduled to meet with his professor.

(D) He is not studying enough for a class.

訳

女性：どうしてジャックは今月ほとんど毎日、勉強するために遅くまで起きているの？

男性：教授から、重要な課題を与えられたんだ。

質問：男性はジャックについて何と言っていますか。

(A) 彼の課題には長い時間がかかる。

(B) 彼は重要な課題を終えたばかりだ。

(C) 彼は教授と会う約束がある。

(D) 彼は授業のために十分な勉強をしていない。

　正解は (A) です。project という単語が、男性のセリフの assignment と同じ意味であることに注目してください。(B) には、男性が使った assignment という単語がそのまま含まれていますが、内容的にはまったく間違っていますね。ごまかされないように注意しましょう。**正解は、会話中の表現と同じ表現が含まれている選択肢ではなく、会話の内容を別の表現・同義語で言い換えている選択肢なのです。**

解法 3 似た音の入った選択肢を避ける

　会話中の表現と似た音を持つ表現が選択肢にある場合、避けた方が正解にたどりつく可能性が高くなります。

例題

放送される音声

CD
4

M: Why did you change your morning appointment with the doctor to 2:00 P.M.?

W: It was necessary because I couldn't leave school until the afternoon.

Q: What does the woman say about the doctor?

テスト用紙の選択肢

(A) She arranged for two more medical tests from him.

(B) She wouldn't believe he was new.

(C) She lives in an apartment nearby his office.

(D) She wanted to meet him at a different time.

訳

男性：どうして、午前中の医師との予約を午後 2 時に変更したんだい？

女性：午後まで学校から帰ることができなかったから、変更しなければいけなかったの。

質問：女性は医師について何と言っていますか。

(A) 彼女はあと 2 つの健康診断を彼に手配した。
(B) 彼が新人であったとは信じられない。
(C) 彼女は彼のオフィスの近くのアパートに住んでいる。
(D) 彼女は彼と別の時間に会いたかった。

　正解は (D) ですが、誤答には会話中の単語と似た音が入っています。(A) の more が会話の morning に、(B) の wouldn't と believe が会話の couldn't と leave に、(C) の lives と apartment が会話の leave と appointment に似ています。会話がよく聞き取れなかった場合、これらの音が頭に残ってしまい誤答を選んでしまう危険があります。

　TOEFL のような選択式のテストでは、正解を選ぶテクニックはもちろん重要ですが、誤答を選ばないようにするテクニックも身につけておく必要があります。**会話で使用された単語と似た音を持つ単語が含まれている選択肢は、誤答である可能性が高いことを覚えておきましょう。**

解法 4 　否定形に注意する① 　二重の否定

　会話の中に否定形が出てきたときは、さまざまな理由で注意する必要があります。

　まず、**否定形の短縮形 -n't が使われているときは、聞き取るのが難しい場合**があるので気をつけましょう。特に助動詞 can の否定形 cannot が短縮され can't になった場合は、肯定形 can との違いを聞き取るのが難しくなります。can't [kænt] の発音は、can [kən] に比べると強く、長く発音されます。can が「キャン」と聞こえるとすると、can't は「キャーン」という感じです（最後の t は無声音なので、ほとんど聞こえません）。短縮形が含まれた文を聞き取る練習を十分に行い、慣れておくようにしましょう。

21

次に、「二重の否定」に気をつけましょう。二重の否定とは、1つの文の中に否定を表す表現が2つ入っているものを指します。

例文① It is <u>not</u> <u>impossible</u> to submit the final paper before the deadline.
　　　（締切前に期末エッセイを提出するのは不可能ではない）

　ここでは not と impossible という2つの否定表現が使われています。impossible は、im- という否定を表す接頭辞からもわかるように「不可能な」という否定的な意味を持つ単語です。ここで注目しなければいけないのは、**否定形が2つ重なると、文全体では肯定の意味になる**ということです。「不可能ではない＝可能であろう」という意味になります。数学で、マイナスとマイナスを掛け合わせるとプラスになるのと似ていますね。
　ただし、100 パーセント可能である場合は、it is possible ... と言うので、二重の否定を使う場合は、「不可能ではないが、なんらかの困難がある」というニュアンスが含まれています。

例文② It's <u>not</u> that I <u>don't</u> trust him.
　　　（彼を信じていないというわけではないんだ）

　主節 (It's not ...) と従属節 (that I don't trust him) の両方で否定形が使われています。例文①と同じように、「信じていないというわけではない＝信じている」という意味になりますが、この場合も、「彼を信じていないというわけではないんだけど、ほかに言っておきたいことがある」というニュアンスがあります。

解法 5 否定形に注意する② 否定に見えない否定表現

　英語には、**一見、否定形に見えないのに実は否定の意味を持っている表現**があります。

- **hardly**（ほとんど〜ない）　　● **barely**（ほとんど〜ない）
- **scarcely**（ほとんど〜ない）　● **rarely**（ほとんど〜ない）
- **seldom**（ほとんど〜ない）　　● **merely**（ただ〜だけの）　● **only**（〜しか〜ない）

例文① He hardly listens to his professor's advice.
（彼は教授の忠告にほとんど耳を貸さない）

　ここには no や not などの否定を表す表現は 1 つも入っていません。けれども、hardly が含まれているために、文全体としては「～しない」という否定の意味を持つことになるのです。

例文② I have met my uncle only once.
（私は叔父に 1 度しか会ったことがない）

　否定に見えない否定表現の中で、only には特に気をつけましょう。日本語の感覚からすると only は否定形とは感じられないのですが、英語では否定的な意味で使われることが多くあります。

解法 **6** 数量表現を聞き取る

　Part A の会話の中で、数量表現、つまり**数や量を表す表現**が出てきたら、**正解を選択するために必要な情報である可能性が高い**ので、特に注意して聞きましょう。

　数量表現が one、fifteen、sixty などといった数字であればわかりやすいですが、大きな数字、たとえば ten thousand（万）などには気をつけましょう。「万」は、日本語では 1 語ですが、英語では ten（十）と thousand（千）をくっつけることによって表現されます。このような大きな数字が出てきたら、いちいち日本語に訳そうとせず、英語のままで記憶してから選択肢を見てみましょう。

　数量表現は、数字ばかりとは限りません。 以下の表現に気をつけましょう。

- **as many as**（～と同じ数の）〈可算名詞とのみ使われる〉
- **as much as**（～と同じ量の）〈不可算名詞と〉
- **at least**（少なくとも）　● **a couple of**（2、3 の）
- **a few**（少しの）〈可算名詞と〉　● **a little**（少しの）〈不可算名詞と〉
- **half**（半分の）　● **double**（倍の、倍増する）　● **triple**（3 倍の、3 倍になる）
- **only a few**（ほんのわずかの）〈可算名詞と〉

- **only a little**（ほんのわずかの）〈不可算名詞と〉
- **several**（いくつかの）
- **very few**（ほとんど〜ない）〈可算名詞と〉
- **very little**（ほとんど〜ない）〈不可算名詞と〉
- **a great [good] deal of**（たくさんの）〈不可算名詞と〉
- **plenty of**（たくさんの）

 解法 **7** 使役動詞に注意する

英語には、使役動詞と呼ばれる特別な動詞があります。**使役動詞が使われると、行為の主体が誰なのかわかりにくくなる**ので注意が必要です。

例題

放送される音声

W: The essay which you turned in two days ago was well-written.

M: Thank you. Actually, I had my brother give me a lot of ideas.

Q: What does the man mean?

テスト用紙の選択肢

(A) His brother turned in the assignment.

(B) He helped his brother with his homework.

(C) He spent two days completing the essay.

(D) He requested assistance from his brother.

訳

女性：あなたが2日前に提出した論文はよく書けていたわ。

男性：ありがとうございます。実は、兄にたくさんアイデアをくれるように頼んだんですよ。

質問：男性は何を意味していますか。

(A) 彼の兄は課題を提出した。

(B) 彼は兄の宿題を手伝った。

(C) 彼は2日を費やして論文を完成させた。

(D) 彼は兄に助けを頼んだ。

　男性のセリフで使われている had が使役動詞の 1 つで、《have ＋人＋動詞》で「（人）に（動詞）をしてもらう」という意味になります。to 不定詞の場合と異なり、**人と動詞の間に to が入らないことに気をつけてください。**この場合、論文についてアイデア出しを依頼したのが男性で、実際にアイデアを出したのは男性の兄、という意味になるので正解は (D) です。

　使役動詞にはほかに、
- 《**make** ＋人＋動詞》＝（人）に（動詞）させる
- 《**let** ＋人＋動詞》＝（人）に（動詞）させてあげる
- 《**get** ＋人＋ **to** ＋動詞》＝（人）に（動詞）させる

があります。get の場合のみ、人と動詞の間に to が入ります。

解法 8　希望を表す表現に注意する

　Part A の会話の中で、I wish ... という表現が聞こえてきたときは注意が必要です。**I wish ... は希望を表す表現で、「・・・ と希望しているが、現実にはそうでない」**という状況を示します。

W: Can you come to my birthday party tonight?（今夜の私の誕生日パーティーに来れる？）
M: I wish I could.（行けたらいいんだけど）

　男性のセリフのように、I wish ... の後に過去形が来ると、現在または将来、実現されないことを希望しているという意味になります。could（can の過去形）という助動詞につられて「パーティーに行くことができる」と解釈しないように気をつけましょう。

M: How was your Chemistry final exam?（化学の最終試験はどうだった？）
W: I wish I had studied harder.（もっと頑張って勉強すればよかった）

25

女性のセリフのように、I wish ... の後に過去完了形《had ＋過去分詞》が来ると、過去に実現されなかったことについて希望しているという意味になります。

例題

放送される音声

W: If you're not satisfied with the student dormitory, why don't you move off-campus?

M: I wish I could, but I just don't have the money for it.

Q: What does the man mean?

テスト用紙の選択肢

(A) He is spending too much money on his student dormitory.

(B) He hopes to switch to a different campus.

(C) He lacks funds for a particular goal.

(D) He's not satisfied with off-campus housing.

訳

女性：学生寮に満足していないのなら、キャンパス外に移ればどう？
男性：そうできたらいいけど、単にそのためのお金がないだけなんだ。
質問：男性は何を意味していますか。

(A) 彼は学生寮に住むために多くのお金を使いすぎている。
(B) 彼は別のキャンパスに変わりたいと思っている。
(C) 彼はある目標を達成するための資金を持っていない。
(D) 彼はキャンパス外の住宅に満足していない。

　男性は、本当はキャンパス外に移りたいと思っているが、お金がないためにそうできない、と言っています。正解 (C) では、「キャンパス外に移りたい」が a particular goal で、「お金がない」が lacks funds で言い換えられています。男性が満足していないのは学生寮に対してなので、(D) は誤答です。

26

| 解法 | **9** | 慣用句に注意する |

Section 1 では、慣用句が頻繁に使用されます。慣用句とは、複数の単語が結びついて新たな意味を持つ表現のことです。多くの場合、そこに含まれる個々の単語から慣用句の意味を理解・推測することはできません。

例題

放送される音声

M: How do you feel about your Biology class?

W: It's a piece of cake.

Q: What does the woman say about the class?

テスト用紙の選択肢

(A) It is quite easy.

(B) It teaches how to bake cakes.

(C) It has many pieces of new material.

(D) It is somewhat long.

訳

男性：生物学の授業についてどう思う？

女性：とても簡単よ。

質問：女性は授業について何と言っていますか。

(A) とても易しい。

(B) その授業ではケーキの焼き方を教えてくれる。

(C) その授業では数多くの教材が使用される。

(D) どちらかというと時間が長い。

女性のセリフの It's a piece of cake. という表現が慣用句で、「簡単である」という意味なので正解は (A) です。慣用句を構成している piece や cake という単語と、慣用句全体の意味にまったく関係がないことに注意してください。1つ1つの単語の意味に影響されて、(B) や (C) を選ばないように気をつけましょう。

慣用句に関する問題を正しく解くには、**慣用句とその意味を1つでも多く暗**

27

記しておくしか方法がありません。TOEFL 専用の単語集などを使い準備しておきましょう。以下にいくつか、よく使われる慣用句を挙げておきます。

- **be fed up with**（うんざりする）
- **be out of the question**（ありえない）
- **be under the weather**（体調が悪い）
- **be up in the air**（不確かな）
- **be all in the same boat**（運命共同体である）
- **be in good shape**（健康である）
- **be better off**（〈～した方が〉いい状態になる）
- **be on cloud nine**（幸せで有頂天な）
- **be on the tip of one's tongue**（〈思い出そうとしていることが〉のどまで出かかかっている）
- **call it a day**（〈1 日の仕事や勉強を〉終わりにする）
- **come along**（うまくいく）
- **get on one's nerves**（いらいらさせる）
- **bite off more than one can chew**（手に余ることをする）
- **burn the candle at both ends**（無理をする）
- **dot all the i's and cross all the t's**（慎重にする）
- **hit the nail right on the head**（確信をつく）
- **kill two birds with one stone**（一石二鳥）
- **put the cart before the horse**（本末転倒の）
- **strike while the iron is hot**（鉄は熱いうちに打て）
- **No sooner said than done.**（〈言われたら〉すぐやります／お安い御用です）
- **Two heads are better than one.**（3 人寄れば文殊の知恵）
- **I've had it.**（もううんざりだ）

解法 **10** 賛成・反対の表現に注意する

Part A では、1 人目のセリフに対して 2 人目が賛成したり、反対したりする場面がよく出てきます。これらが出題されることも多いので、備えておきましょう。

例題

放送される音声

M: Personally, I think that our classmate's theory is wholly unsubstantiated.

W: I'll say!

Q: What does the woman mean?

テスト用紙の選択肢

(A) She wholly agrees with the classmate.

(B) She supports the man's opinion.

(C) She will substantiate her main point.

(D) She presented a new theory.

訳

男性：個人的には、あのクラスメートの説にはまったく根拠がないと思うよ。
女性：そのとおりね！
質問：女性は何を意味していますか。

(A) 彼女はクラスメートに完全に賛成している。
(B) 彼女は男性の意見に賛成している。
(C) 彼女は自分の考えを立証しようとしている。
(D) 彼女は新たな説を提示した。

女性のセリフ、I'll say! は相手への賛成を表す表現なので、(B) が正解です。

よく使用される賛成を表す表現には、以下のようなものがあります。一見、賛成しているかどうかわからないような慣用句的表現もあるので、復習しておきましょう。

- **By all means.**（もちろんそうですね）
- **Great idea.**（いい考えですね）
- **I'll say!**（そのとおりですね！）
- **Isn't it!**（そうですね！）
- **Me, too.**（私もそう思います）
- **I don't, either.**〈最初のセリフに否定形がある場合〉（私もそう思います）

- **So do [did / will など] I.** (私もそうです)
- **Neither do [did / will など] I.** 〈最初のセリフに否定形が使われている場合〉 (私もそうです)
- **No problem.** (それで問題ありません)
- **Sure, why not.** (もちろんです)
- **Sounds good to me.** (いいですね)
- **You can say that again!** (そのとおりですね！)

また、以下のような反対を表す表現もよく使われます。

- **I don't know.** (そうでしょうか)
- **I'd better ...** (私は・・・の方がいいと思うのですが)
- **Maybe we should ...** (多分、・・・した方がいいのではないでしょうか)
- **No, thanks.** (いいえ、結構です)
- **For from it.** (とんでもない)
- **Thanks, anyway, but I can't.** (ありがとう、でも結構です)
- **Are you kidding? / You've got to be kidding.** (冗談でしょう)
- **I wouldn't say that.** (そうとも言い切れないよ)

I don't know. や I'd better ... は曖昧な表現ですが、婉曲的に反対するときに使われることがあります。

解法 11 「不確かさ」を表す表現に注意する

Part A の会話では、不確かさを表す表現もよく使われます。
不確かなときに使われる表現には以下のようなものがあります。

- **As far as I know.** (私が知っている限りでは)
- **As far as I can tell.** (私にわかる範囲では)
- **..., isn't it? [doesn't he? など]** (・・・ですよね？)

..., isn't it? や doesn't he? などは、「付加疑問文」といいます。**付加疑問文は、**

イントネーションが下がると断定を表し、イントネーションが上がると不確かさ
を表します。

例題

放送される音声

W: Why don't you apply for a part-time job in the school cafeteria?

M: That's only possible to do in Room 297, isn't it?

Q: What does the man mean?

テスト用紙の選択肢

(A) He may not have known a position existed.

(B) He did not want to accept a work schedule.

(C) No more cafeteria jobs are available.

(D) He may be unclear about a process.

訳

女性：学校のカフェテリアでのアルバイトに応募してみたら？

男性：297 号室でしか申し込みはできないんだよね？

質問：男性は何を意味していますか。

(A) 彼はその仕事があったことを知らなかったかもしれない。

(B) 彼は勤務表に従いたくなかった。

(C) カフェテリアでの仕事はもう募集されていない。

(D) 彼は申し込みの手順についてよくわかっていないかもしれない。

　男性のセリフの最後に ..., isn't it? という付加疑問文があることに注目しまし
ょう。イントネーションを注意して聞くと上昇調なので、男性が自分の話してい
る内容について不確かであることがわかります。つまり、「申し込みの手順につ
いて不確か」であり、(D) が正解です。

解法 12 提案を表す表現に注意する

Part A や Part B では、登場人物が何かを提案する場面がよく出てきます。

例題

放送される音声

CD 10

M: I can't understand anything about Chapter 18 in our textbook.

W: Why not go to a tutor in the student center for help?

Q: What does the woman suggest?

テスト用紙の選択肢

(A) Rereading the chapter.

(B) Going to a facility.

(C) Helping some other students.

(D) Trying a different textbook.

訳

男性：教科書の 18 課について、何も理解できないんだ。

女性：学生センターに行って、個別指導員に助けてもらったら？

質問：女性は何を提案していますか。

(A) その課を再読すること。

(B) ある施設に行くこと。

(C) ほかの何人かの学生を助けること。

(D) 別の教科書を読んでみること。

　女性のセリフで使用されている Why not ... が提案を表す表現です。これが提案の表現であることを知らないと、何かの理由を尋ねているのかなと考えながら聞いてしまい、質問の What does the woman suggest? を聞いたときに混乱してしまいます。正解は、student center が facility（施設）に言い換えられている (B) です。

　以下のような提案を表す表現を、理解できるようにしておきましょう。

● **Let's ...**（・・・ しましょう）

32

- **How about ...ing?**（・・・ するのはどうですか？）
- **How would you feel about ...ing?**（・・・ することについてどう思いますか？）
- **What would you say to ...?**（・・・ することについてどう思いますか？）
- **Why don't you [we] ...?**（・・・ したらどうですか？）
- **Why not ...?**（・・・ したらどうですか？）

解法 13 強調された表現に注意する

　会話の中の特定の単語や句が、強い発音によって強調されることがあります。**強調された部分には、特別な意味が含まれている**ので注意しましょう。

例題

放送される音声

M: Have you signed up for the field trip to the art museum taking place next week?

W: Then Lisa DID change Professor Wong's mind about that.

Q: What had the woman thought?

テスト用紙の選択肢

(A) An event would not occur.

(B) The museum would sponsor the field trip.

(C) Professor Wong did not teach art.

(D) Lisa would not change her mind.

訳

男性：来週行われる美術館への校外学習に申し込んだ？
女性：じゃありサは、校外学習に関するウォン教授の考えを変えたのね。
質問：女性はどのように考えていましたか。

(A) 行事は行われないだろう。
(B) 美術館が校外学習の後援者となるだろう。
(C) ウォン教授は美術を教えていなかった。
(D) リサは考えを変えないだろう。

33

女性のセリフに注目してください。通常の文であれば、動詞の過去形 changed を使い Then Lisa changed Professor Wong's mind ... となります。しかしこの会話では Lisa DID change ... となっており、《強い発音の did ＋動詞の原形 change》を使って change を強調しています（大文字の DID は強く発音されていることを表しています）。つまり、女性はリサがウォン教授の考えを「変えた」ことを驚きをもって強調しており、もともと「教授は校外学習を行わないだろう」と思っていたと推測できるので、正解は (A) になります。

　英語では通常、平叙文（疑問文でない文）と wh- 疑問文の最後ではイントネーションが下がります。Are you ... や Did you ... などの yes/no 疑問文では最後が上がります。それ以外で強いイントネーションの変化がある場合や、アクセントがつけられている場合は強い感情を表し、問題の鍵となることがあるので注意しましょう。また、英語で強調を表す語法はいくつかありますが、ここでは《主語＋アクセントがある do / does / did ＋動詞の原形》を押さえておきましょう。

解法 ⑭ 選択肢を見て、質問を予測しておく

　Part B の長い会話と Part C のトークでは、音声を聞く前の準備が重要です。
　音声が流れる前に、選択肢を見て問題を予測しましょう。そうすると、長い会話やトークのどこに集中すべきかがわかる場合があります。

(A) In the library.
(B) In a classroom.
(C) In a professor's office.
(D) In an apartment.

(A) 図書館で。
(B) 教室で。
(C) 教授のオフィスで。
(D) アパートで。

たとえば、上記のような選択肢があったとします。選択肢はすべて場所を表し

ているので、Where does this conversation probably take place?（この会話はどこで行われていると思われますか）や Where are the speakers?（話し手たちはどこにいるのですか）などといった、場所を尋ねる質問が出題されると予測できます。また、4つの選択肢のうちの3つが大学内の場所なので、この会話は多分大学で行われているのではないか、ということも予想できるかもしれません。

　選択肢を見ただけで予測できる質問には、以下のような例があります。

- 選択肢に**曜日**や**日時**が並んでいる⇒**時を尋ねる質問** (When)
- 選択肢に**場所**や**施設名**が並んでいる⇒**場所を尋ねる質問** (Where)
- 選択肢に**職業名**や**所属**が並んでいる⇒**人物の背景を尋ねる質問** (Who) ／**人物の関係性を尋ねる質問** (What is the relationship ...? など)
- 選択肢に**数量**が並んでいる⇒**数量を尋ねる質問** (How many / What amount など)
- 選択肢が**すべて By** から始まっている⇒**手段を尋ねる質問** (How)

　音声が流れ出す前の時間は限られているので、選択肢が長い場合はすべてを読む必要はありません。**ざっと読んでキーワードや傾向のみを確認しておきましょう。**

解法 **15** キーワードを聞き取る②

　Part B の会話と Part C のトークは長いので、すべての単語を聞き取り、理解し、記憶したうえで質問に答えるのは困難です。聞いている間は、より重要な情報に焦点を合わせる必要があります。**より重要な情報とは、5W1H (When, Where, Who, Why, What & How) のことです。**

| 放送される音声 | |

M: Why is there so much construction going on near the middle of campus? It's got trucks, heavy equipment and work crews all over the place, blocking off paths. It's hard to even walk through that area nowadays.

W: I know; so much so that I was almost late to my Chemistry class trying to

35

find a way through it last week. I heard it's due to the fact that a new building is being constructed for the engineering department. Supposedly, it's going to have over 35 laboratories inside.

(以下略)

訳

男性：どうして、キャンパスの中心近くでこんなにたくさんの工事が行われているんだ？　トラックや重機、工事作業員があちこちにいて、通り道を塞いでいるんだ。最近では、あの辺りを歩くことさえ難しいじゃないか。

女性：そうね、だから私は通り抜けられる道を探すのに手間取って、先週もう少しで化学の授業に遅れそうになったのよ。工学部の新しいビルが建設中だからだそうよ。中には 35 以上の実験室が作られるみたいね。

セリフの中で、下線が引かれた単語や表現がキーワードになりえます。たとえば、男性のセリフの最初の単語、Why を聞くと「男性は質問をするのだな」ということがわかります。construction はトークの主題、つまり 5W1H の中の What にあたりそうです。campus という単語からは、トークが大学内で行われていることや、話し手が学生であることが想像できます。trucks、heavy equipment、work crews という表現には、先に出てきたキーワード construction との関係性が見えます。hard という形容詞からは、男性が何か困難を抱えていることが推測できるでしょう。

女性のセリフは I know ... から始まっているので、彼女が男性に賛成していることがわかります。また、building が 5W1H の What に該当しそうですし、男性のセリフにあった construction と関連づけて理解することもできます。engineering department や laboratories という単語は、この会話がやはり大学に関するものだということを確認するのに役立ちます。さらに、I heard ... や Supposedly ... という表現から、女性が伝聞した内容について話していることもわかるでしょう。

会話はまだ続きますが、これだけでも「誰が、どこで、何について」話しているのか、つまり Where, Who, What を理解し、これらに関連した質問に答えることができます。

解法 **16** 「論理マーカー」を聞き取る

Section

1

　テスト中はスクリプトが見られないために、Part B と Part C では展開を理解するのが難しくなります。けれども、会話・トークの全体的な流れをつかむことができると、「ここから反対意見が述べられるのだな」とか、「次に具体例が出てくるのだな」というように心の準備ができ、より効率的に聞くことができるようになります。

　そのために役立つのが「論理マーカー」(discourse marker) です。**論理マーカーとは、段落間や文の論理的なつながり・関係を示すもので、多くの場合段落や文の先頭に置かれます。**

　Part B と Part C でよく出てくる論理マーカーには以下のようなものがあります。

情報の順番を表す
- **First(ly)**（最初に） ● **Second(ly)**（2 番目に） ● **Third(ly)**（3 番目に）
- **Next**（次に） ● **Then**（次に） ● **Finally**（最後に）

反対・対比を表す
- **However**（しかし） ● **On the other hand**（他方では）
- **In [By] contrast**（対照的に） ● **On the contrary**（そうではなく）
- **Nevertheless**（にもかかわらず） ● **Nonetheless**（にもかかわらず）
- **Although**（にもかかわらず） ● **Though**（けれども） ● **Even so**（それでも）

結論を表す
- **Therefore**（したがって） ● **Thus**（したがって） ● **As a result**（結果として）
- **Finally**（最終的には） ● **To sum up**（要約すると）
- **All in all**（結局のところ） ● **In conclusion**（結論としては）
- **Consequently**（結果として）

新たな情報を加える
- **Next**（次に） ● **Another**＋名詞（また別の〜として） ● **Besides**（〜に加えて）
- **Moreover**（さらに） ● **Furthermore**（さらに） ● **In addition**（さらに）
- **Additionally**（さらに） ● **In fact**（実際に） ● **Likewise**（同様に）

具体的な例を示す
- **For example**（たとえば）　● **For instance**（たとえば）
- **In particular**（具体的には）

確認する
- **In other words**（ほかの言い方をすると）　● **That is**（つまり）

　論理マーカーは、その文や段落にどのような情報が含まれるのかを示してくれます。これらの表現に慣れておくと、会話・トークの構成が理解しやすくなります。論理マーカーは Section 3 のリーディング・パッセージでもよく使われるので、しっかり覚えておきましょう。

解法 17　音声で流れない情報を推測する

　Part B と Part C では、音声では示されない部分を推測させる問題が出題されます。実際には聞くことができない内容についての質問なので、内容を論理的に理解し推測しなければなりません。

　Part B では、会話の後に何が起こるかが問われます。Part C では、話し手がトークの前に起きたことや話したであろうこと、またはトークの後に起こることや話すであろうことが以下のように問われます。

What question had the professor raised in the previous class?
（教授は前回の授業で、どのような質問をしていたでしょうか）

What will probably happen next?
（次に何が起こると思われますか）

What will probably be included in the discussion after the program?
（このプログラムの後になされる議論には何が含まれるでしょうか）

What is about to be demonstrated?
（何のデモンストレーションが行われようとしているのですか）

38

会話の後のことを問う問題を解くためには、会話の最後のセリフを特に注意して聞いておきましょう。トークの前や後のことを問う問題は、トークの最初のセリフと最後のセリフをしっかり聞いて解きましょう。

例題

放送される音声 🅒🅓 **13**

... of course the crucial part of any solar panel is its surface—where the sun's rays are collected and turned into energy. I'd like each of you to come up one by one to look this over closely and take notes.

Q: What will probably happen next?

テスト用紙の選択肢

(A) A different person will describe the solar panel.
(B) Energy will be carefully released.
(C) Listeners will approach a device.
(D) The speaker will show class notes.

訳

… もちろん、どのようなソーラーパネルにおいても、表面が重要な部分です。ここで太陽光線が集められ、エネルギーへと変換されるのです。皆さん、1人ずつここに来て、これを近くで観察してノートを取ってください。

質問：次に何が起こると思われますか。

(A) 別の人物がソーラーパネルについて説明する。
(B) 慎重にエネルギーが放出される。
(C) 聞き手たちがある装置に近づいていく。
(D) 話し手がクラスにノートを見せる。

　トークの後に何が起こるかを尋ねる質問なので、トークの最後のセリフに注目しましょう。話し手は最後に I'd like each of you to come up ... と言っているので、聞き手に近づいてくることを求めているとわかります。近くでソーラーパネルを観察するようにと言っていますが、たとえそれを聞き逃したとしても正解が(C) であると推測することは可能でしょう。**長い会話とトークは、最初と最後を**

特に集中して聞いておくということが大切です。

解法 18 トークの主旨を聞き取る

Part C では、トークの主旨（主題・目的）を尋ねる質問が必ず出題されます。主旨に関する質問は、トーク終了後の最初の問題であることが多く、以下のように出題されます。

What is the purpose of the talk? （このトークの目的は何ですか）
What is the speaker's main purpose? （この話し手の主な目的は何ですか）

これらの質問は、トーク全体の主旨について尋ねているので、トーク全体の内容を考えて答えるのが理想ですが、特に重要なのはトークの最初の部分です。

Part C のトークは、主に 3 つの部分から成り立っています。最初の部分は introduction（導入部）と呼ばれ、話し手がこれから何について話すのか、つまりトークの主旨（主題・目的）が述べられます。次の部分は body（本論）で、introduction で紹介された内容についての詳細が語られます。最後の部分が conclusion（結論）で、それまでに話された内容の確認やまとめが行われます。**この introduction-body-conclusion という基本的な構成を押さえておくと、Section 1 のトークのみならず、Section 3 のリーディング・パッセージの理解にも大変有効です。**

主旨が含まれているのは introduction なので、注意して聞き落とさないことが重要です。テストを受けている間はスクリプトを見られないので段落の切れ目がわからず、どこまでが introduction かを正確に見極めるのは難しいかもしれませんが、最初の 3 つほどの文、という感じで捉えておくといいでしょう。

例題

放送される音声　CD 14

I trust that you've done all the required reading in the class so far—because we're going to have a surprise exam in just a few minutes. I'll just take one or two questions before you put your books away to begin ...

（以下略）

40

Q: What is the purpose of the instructor's talk?

テスト用紙の選択肢

(A) To confirm the correct books for the class.

(B) To provide some background to a course topic.

(C) To review material in the course up to now.

(D) To prepare for an immediate test.

訳

皆さんがこれまでの授業の課題図書をすべて読んだと信じていますよ。なぜなら、数分後には抜き打ちの試験を行うからです。教科書をしまって試験を始める前に、1つか2つの質問にならお答えしましょう…

この講師のトークの目的は何ですか。

(A) 授業で使用する教科書かどうかを確認すること。
(B) 授業の主題に関する背景知識を提供すること。
(C) ここまでの授業で扱った内容を復習すること。
(D) 直後に行われる試験のために準備すること。

　例題の音声は、このトークにおける introduction にあたります。抜き打ちテストを行うこと、その前に1、2の質問を受け付けること、がトークの主旨（目的）になるので、正解は (D) とわかります。
　主旨に関する質問は、細部のすべてが理解できなくても正解にたどりつける可能性が高いので、まずは introduction を集中して聞く癖をつけておきましょう。

Section 2　Structure and Written Expression

Structure の特徴と対策

問題のスタイル

Structure では問題文に 1 つの空所があり、空所に正しく入る語句を 4 つの選択肢から選ぶ、「穴埋め問題」です。計 15 問で構成されています。

The Venetian Republic maintained its prosperity through ------- major nations of the Mediterranean in relatively open trade and finance.

(A) top

(B) engaging

(C) centuries of

(D) contact

テーマと内容

Structure では、英語圏の大学の授業（文学、歴史、生物学など多様な科目）で使用される基礎レベルの教科書や、一般向けの（あまり専門的でない）新聞・雑誌記事から引用したような文が、問題文として使用されます。しかし問われるのは知識ではなく文法力です。

基本ストラテジー •••••••••••••••••••••••••••••••••••••••

1 いきなり選択肢を見るのではなく、まずは問題文そのものを分析しましょう。このパートでは、英文の構造 (structure) を理解しているかが試されます。主語・動詞・時制・単複などの一致、主節と従属節の関係、完了形や仮定法などさまざまな文法事項が問われます。まず問題文をざっと分析し、構造が理解できてから選択肢を検討しましょう。

2 選択肢の共通点・相違点に注目しましょう。Section 1 や Section 3 における選択肢に比べると、Structure の選択肢は互いにかなり似通っています。たとえば、ある単語の位置以外はすべて同じ、という選択肢がいくつか並んでいることもありますが、このたったひとつの位置の違いによって、その選択肢が正解になったり誤答になったりするのです。小さな違いを見落とさないように注意しましょう。また逆に、似通った選択肢が問題を解くためのヒントをくれることもあります。たとえば、すべての選択肢に more や most という表現が含まれていたら、その問題では比較級か最上級に関する知識を問われているということが推測できます。

3 問題文の意味ではなく、文法に注目しましょう。Section 2 でも難易度の高い単語が頻出しますが、問われているのは語義や事実関係ではなく、あくまで文法事項（文の構造）です。文意や語彙の意味が完全にわからなくても、文法に注目すれば正解できる場合がほとんどなので、専門用語に惑わされないようにしましょう。

☞ 解法 ⑲ 〜 ㊴ へ

Section 2　Structure and Written Expression

Written Expression の特徴と対策

問題のスタイル

　Written Expression では問題文の 4 ヵ所の語句に下線が引かれ、A～D がマークされています。これらの下線部から、正しい英文を作るために修正しなければいけないものを選ぶ「間違い探し問題」です。計 25 問で構成されています。

Course registration will be <u>openly</u> until September 15, <u>with</u> information
　　　　　　　　　　　　　　A　　　　　　　　　　　　　　　　B
about it <u>available</u> in <u>the registrar's office</u>.
　　　　　C　　　　　　　D

テーマと内容

　Written Expression で扱われるテーマ・内容は、Structure と同様です。幅広い学術分野から初歩的な内容が出題されますが、問われるのは文法です。

基本ストラテジー

1 いきなり問題文全体を分析するのではなく、**下線が引かれた単語と、その単語の前後にある単語との組み合わせに注意しましょう。**たとえば、不定冠詞 a に下線が引かれている場合、その直後に不可算名詞 information があれば、その下線が訂正を要する正解だとすぐにわかります。文全体を見なければ解けない場合もありますが、**まずは単語レベルの分析をしましょう。**

2 Written Expression は間違い探しなので、下線部 A から順に確認していき、**間違いを見つけた段階で解答用紙にマークし、次の問題へと進むべきです。**間違いの下線部を見つけたのに、すべての下線部を確認・検討するのは時間のロスにつながりますし、混乱の原因にもなります。どこが間違っているのか自信がない場合のみ、すべての下線部を検討するとよいでしょう。

3 Structure と同様、**問題文の語彙や文意を完全に理解しようとする必要はありません。**Written Expression では、問題文全体よりも単語どうしの組み合わせが重要なので、文意の重要度はさらに低くなるといえるでしょう。

❂ **Structure と Written Expression の形式と特徴をよく理解し、どちらを先に解くか決めておきましょう。**同じ Section 2 の文法問題でも、ふたつのパートの形式と特徴はかなり異なります。実際のテストでは Structure の問題が先に出題されますが、それは Structure の問題を先に解かなければいけないという意味ではありません。本書の例題や模試を解いてみて、たとえば Structure より Written Expression の方が得意だと感じたら、Written Expression を先に回答しても構いません。または、苦手な Structure をまずきちんと終わらせてから、Written Expression へと進んでもよいでしょう。自分にとってベストな方法をテスト当日までに見つけておきましょう。

また、**Section 2 では平均して 1 問 30 秒程度で解くようにしましょう。**

☞ 解法 ⑲ 〜 ㊴ へ

解法 19 主語と動詞を確認する

　英語の文には、主語と動詞が必要です。日本語では主語を省略することもよくありますが、英語で主語または動詞がないと、それは文法的に正しい文ではありません。Section 2 の問題を解くときは、**まず問題文の主語と動詞を確認することから始めましょう。**

例題

------- was intense among the students for the school science award.

(A) Meanwhile

(B) Judges

(C) Competition

(D) In the selection process

訳

学校の科学賞をとるための、学生間の競争は激しかった。

　主語はたいてい文の最初の方にあるはずですが、例題では最初に空所があり、その直後に動詞 was があります。したがって空所には主語になりうる品詞、名詞か代名詞を入れる必要があります。選択肢の中で名詞であり、動詞 was と一致し、また意味的にも通るのは (C) のみです。

　まずは主語と動詞を見つけることが、最も確実な攻略法の 1 つです。そしてそれらが問題の対象になっている場合には、時制、人称、単数・複数が一致しているかも確認しましょう。

46

解法 **20** 「同格」は主語になれない

　主語を正しく認識するためには、「同格」に注意しなければなりません。**同格とは、ある名詞の前または後ろについて、その名詞を言い換えている名詞や名詞句のことをいいます。**

　同格に関しては以下のルールを押さえておきましょう。

❶同格は主語にはなれない

❷同格はカンマにはさまれている（ただし、文頭にある場合は、文頭のスペースとカンマではさまれている、と考える）

　それでは、次の例文の主語は何でしょうか。

例文① Mike, the best athlete in the school, received an A in the chemistry class.
　　　（学校で１番の運動選手であるマイクは、化学のクラスでＡをとった）

　Mike と the best athlete の両方が主語のように見えますね。けれども、the best athlete in the school がカンマではさまれていることに注目してください。この部分が Mike を言い換えている同格で、同格は主語にはなれないので、Mike がこの文の主語です。では、次の例文の主語は何でしょうか。

例文② Mike, the best athlete in the school received an A in the chemistry class.
　　　（学校で１番の運動選手であるマイクは、化学のクラスでＡをとった）

　①とそっくりですが、②では the best athlete in the school の後にカンマがないので、この名詞句は同格ではありません。この場合は、the best athlete が主語で、Mike がその同格となっています。Mike は文頭に置かれているので、文頭のスペースとカンマで区切られていると捉えます。

例題

-------, Alicia, works at the concert hall and so was able to get me a free ticket to see the jazz band.

　(A) Nowadays

　(B) Luckily

　(C) Because of which

47

        (D) My classmate

訳

　クラスメートのアリシアは、コンサートホールで働いているので、私にジャズバンドを
見るための無料チケットをくれることができた。

　一見、主語が Alicia で動詞が works のように見えます。けれども Alicia がカ
ンマではさまれていることに気づくと、これは同格で、空所には主語が入るべき
だということがわかるでしょう。選択肢の中で主語になりえるのは名詞である
(D) のみです。

解法 21 さまざまな節を理解する

　英語の文には、少なくとも 1 つの主語とそれに対応する 1 つの動詞が必要で
す。この主語と動詞のセットのことを「節」といいます。文が複数の節を含む場
合、節と節は何らかの接続詞でつながれます。
　節には、いろいろな種類があります。

①主節と従属節
● **主節**：それだけで文を成立させることができる節
● **従属節**：接続詞に導かれ、それだけでは文を成立させることができない節
　主節は 1 つあれば文ができますが、従属節だけではいくつあっても文を作るこ
とはできません。

例文① I failed the final exam because I didn't have enough time to study for it.
　　　　└──── 主節 ────┘└──────── 従属節 ────────┘
　　　　（勉強する時間が十分になかったので、私は最終試験で不合格になってしまった）

②さまざまな従属節
　従属節にはさまざまな種類があります。文の構成を理解するためには、異なる
種類の従属節について理解しておく必要があります。

❶**副詞節**：特定の接続詞に導かれ、主節の動詞を修飾する従属節を「副詞節」といいます。副詞節は、主節の動詞が行われた時間や場所、理由、目的、条件などを説明します（→解法 23 で詳述）。

例文② I want to go home because I feel sick.（気分が悪いので、家に帰りたい）
└──── 主節 ────┘└──── 副詞節 ────┘
（「理由」を表す）

❷**関係代名詞節**：関係代名詞と呼ばれる接続詞（which や that など）の後に来る従属節を、「関係代名詞節」といいます。関係代名詞節は直前にある名詞を修飾するので、「形容詞節」とも呼ばれます（→解法 24 で詳述）。

例文③ I finally found the book which my classmate was looking for.
└──── 主節 ────┘└──── 関係代名詞節 ────┘
（the book を説明している）

（クラスメートが探していた本をやっと見つけた）

❸**名詞節**：特定の接続詞に導かれ、文中で本来名詞や名詞相当語句が来るべき場所に置かれる従属節のことを「名詞節」といいます。「本来名詞が来るべき場所」というのは、主語、動詞の目的語、前置詞の直後、のことです（→解法 25 で詳述）。

例文④ What he said surprised me.（彼が言ったことには驚かされた）
└── 名詞節 ──┘
（主語）
└──── 主節 ────┘

例文⑤ I know why he went to Europe.
└──── 名詞節 ────┘
（動詞の目的語）
└──── 主節 ────┘

（私は、なぜ彼がヨーロッパに行ったのか知っている）

例文⑥ I'm worried about if my brother can pass the exam.
└──── 名詞節 ────┘
（前置詞の直後）
└──── 主節 ────┘

（私は、弟が試験に受かるかどうか心配だ）

さまざまな節の種類をきちんと理解しておくことは、これ以降の解法を理解するためにも必要なので、しっかりと復習しておきましょう。

解法 22 節と節をつなぐ等位接続詞に注意する

対等の関係にある語と語、句と句、節と節をつなぐ接続詞を、「等位接続詞」といいます。ここでは、等位接続詞が節と節をつなぐ場合について押さえておきましょう。

TOEFL によく出てくる等位接続詞は以下の 5 つです。A と B は、節だと考えてください。

- A, **and** B（A、そして B） ● A, **so** B（A、なので B）
- A, **but** B（A、だが B） ● A, **or** B（A、または B） ● A, **yet** B（A、だが B）

等位接続詞が節をつなぐときには、以下のルールがあります。
❶等位接続詞は節 A と節 B の間に置かれる（つまり、等位接続詞が文の最初に置かれることはない）
❷節 A と節 B をつなぐ等位接続詞の前にはカンマが使われる

例題

Migration is dangerous and exhausting, ------- many species do it regularly in search of better feeding grounds or places to mate.

(A) then

(B) so

(C) yet

(D) later

訳

移動を行うことは危険であるし体力を消耗するが、多くの動物はよりよい餌場や交尾を行う場所を求めて、定期的にこれを行う。

選択肢を見る前に、問題文の主語と動詞を確認します。まず、1 つ目の主語が

Migration で、それに一致する動詞が is です。この問題文にはさらに 2 つ目の主
語 species とそれに一致する動詞 do があります。つまり節が 2 つあるので、空
所には 2 つの節をつなぐ接続詞が必要になります。空所の直前にカンマがあるの
で、選択肢から等位接続詞を探してみましょう。(B) so と (C) yet が等位接続詞
ですが、文の意味に注意すると、節と節をつないで正しく文意をなすのは「にも
かかわらず」となる (C) yet だとわかります。

解法 23 副詞節に注意する

　副詞節は、特定の接続詞に導かれて主節の動詞を修飾する従属節です。副詞節
を導く接続詞は数が多いのですべてを暗記する必要はありませんが、TOEFL に
よく出てくるのは以下のものです。

時間を表す接続詞
- **after**（〜した後で）　● **before**（〜する前に）　● **since**（〜して以来）
- **until**（〜するまで）　● **when**（〜するとき）　● **while**（〜する間）

理由を表す接続詞
- **because** ／● **since** ／● **as**（〜なので）

条件を表す接続詞
- **if**（もし〜ならば）　● **unless**（もし〜でないならば）

譲歩・対比を表す接続詞
- **although** ／● **even though** ／● **though**（〜であるにもかかわらず）
- **even if**（たとえ〜でも）　● **while**（〜とはいえ）

　副詞節は、文の前半に来ることも後半に来ることも可能です。

例文① I have to go to the hospital before I go to school this morning.
　　└──── 主節 ────┘└──── 副詞節 ────┘
（今朝、学校に行く前に病院に行かなければならない）

51

例文② Before I go to school this morning, I have to go to the hospital.

└──────── 副詞節 ────────┘ └──────── 主節 ────────┘

（今朝、学校に行く前に病院に行かなければならない）

①も②も意味は変わりませんが、②のように**副詞節を文の最初に置く場合は、副詞節と主節の間にカンマが付く**ことを覚えておきましょう。

例題

------- its bridge is being renovated, commuters must use the ferry service to cross over to the island.

    (A) That

    (B) So

    (C) Owing

    (D) Since

訳

橋が修理中なので、通勤者は島へと渡るのにフェリーサービスを利用しなければならない。

1つ目の主語が bridge でそれに一致する動詞が is being renovated、2つ目の主語が commuters でそれに一致する動詞が must use です。2つの節をつなぐ接続詞が文のどこかに必要ですが、空所は文頭にあるうえ、2つの節の間にカンマがあることから、副詞節を導く接続詞 (D) が正解となります。

解法 24 関係代名詞節に注意する

　関係代名詞節とは、関係代名詞と呼ばれる接続詞に導かれる従属節のことです。関係代名詞節は、**名詞の直後に来て、その名詞を修飾します。**

例文① I can't understand the chapter. （私は、この章が理解できない）

　①の the chapter をさらに詳しく説明したいとします。その場合、the chapter という名詞の後に関係代名詞によって導かれた関係代名詞節を追加します。

例文② I can't understand the chapter which my professor assigned me to read.
　　　　　　　　　　　　　　　　── 関係代名詞節 ──
　（私は、教授が私に読むようにと指定したこの章が理解できない）

　TOEFL 頻出の関係代名詞は、以下のものです。

説明したい名詞	主格	目的格	所有格
人	who	whom	whose
人以外	which	which	whose
人・人以外	that	that	----

- **主格**：説明したい名詞が、関係代名詞節内の動詞の主語となっている場合を指します。
  The professor is looking for a student who can help her. （教授は彼女を助けることができる学生を探している）
- **目的格**：説明したい名詞が、例文②のように関係代名詞節内の動詞の目的語となっている場合を指します。
- **所有格**：所有格の関係代名詞の直後には常に名詞が来ます。この名詞が、説明したい名詞によって「所有されている」関係にあります。
  I have a classmate whose sister is an actress. （私には、妹が女優のクラスメートがいる）

53

例題

The student environmental conference ------- planned to attend was rescheduled for the following semester.

   (A) which we

   (B) had

   (C) because

   (D) that only

訳

私たちが出席しようと計画していた環境に関する学生会議は、来学期に延期された。

　1つ目の主語は The student environmental conference で、これに対応する動詞は was rescheduled です。けれども空所の後に planned があります。もしこの planned が動詞であれば、空所には何らかの接続詞と、planned に対応する主語が必要となります。空所はまた、名詞 conference の直後にあるので、ここに入る単語は関係代名詞ではないかと考えることもできるでしょう。(D) の that は、関係代名詞の可能性がありますが、only が主語にはならず動詞 planned にスムーズにつながりません。関係代名詞が含まれているもう1つの選択肢 (A) が正解です。we が planned に対応する主語となっています。

　関係代名詞節は、名詞を説明することから「形容詞節」とも呼ばれます。覚えておくと関係代名詞節が見分けやすくなるでしょう。

解法 25 名詞節に注意する

　名詞節とは、特定の接続詞に導かれ、文中で本来名詞や名詞相当語句（代名詞、動名詞、名詞句など）が来るべき場所に置かれる従属節のことです。「名詞や名詞相当語句が来るべき場所」というのは、**主語、動詞の目的語、前置詞の直後**です。

例文① What he said surprised me.（彼が言ったことには驚かされた）
　　　└── 名詞節 ──┘
　　　　　（主語）

　通常、文の主語には名詞や名詞相当語句が来ます。けれども、①では接続詞 What、主語 he、動詞 said が名詞節を作り、主節の主語となっています。この主語に対応する動詞は surprised です。

例文② I know why he went to Europe.
　　　　　└───── 名詞節 ─────┘
　　　　　　　（動詞の目的語）

　（私は、なぜ彼がヨーロッパに行ったのか知っている）

　動詞の目的語となるのも、通常は名詞や名詞相当語句です。しかし、②では接続詞 why、主語 he、動詞 went が名詞節を作り、動詞 know の目的語となっています。

例文③ I'm worried about if my brother can pass the exam.
　　　　　　　　└────── 名詞節 ──────┘
　　　　　　　　　　（前置詞の直後）
　（私は、弟が試験に受かるかどうか心配だ）

　③には about という前置詞が使われていますが、通常、前置詞の直後にも名詞または代名詞が来ます。ここでは、その代わりに接続詞 if、主語 brother、動詞 can pass から成る名詞節が使われています。

TOEFL に頻出の、名詞節を作る接続詞には以下があります。

● **what** ● **when** ● **where** ● **why** ● **how** ● **whether/if** ● **that**

これらの接続詞は、疑問詞や、ほかの種類の従属節（副詞節や関係代名詞節）を作る接続詞と重なっているものもあります。名詞節を作る接続詞かどうか見分けるためには、文のどの位置で使われているか、どういう機能をもっているかを考えるとよいでしょう。

例題

Scholars of the American Constitutional Convention have different analyses of -------.
- (A) what occurring
- (B) what occurred
- (C) there
- (D) because of those

訳

アメリカ憲法制定会議の学者たちは、何が起こったかについて異なる分析を行っている。

主語は Scholars、動詞は have です。空所は前置詞 of の直後にあるので、空所には名詞または代名詞が入るだろうと想像できますが、選択肢を見てみると名詞や代名詞はないので、名詞節の存在を疑う必要があります。選択肢の中で名詞節を作る接続詞から始まっているのは (A) と (B) です。what は特別な接続詞で、名詞節を作る接続詞としての機能だけでなく、名詞節の主語としての機能を同時に持つことができます。つまり、(A) と (B) では what が名詞節を作る接続詞であり、同時に名詞節の主語となっています。ただし、(A) の occurring は動詞ではないので、名詞節を作ることができません。これに対し (B) は、動詞 occur の過去形 occurred があるので、名詞節を作ります。正解は (B) です。

名詞節は理解が難しい従属節ですが、名詞が来るべきところに来る従属節であるため、「名詞節」と呼ばれていることを覚えておけば、理解が進むでしょう。

56

解法 26 倒置① 場所を表す表現と倒置

　英語の文には必ず主語と動詞が必要ですが、通常は主語が先で動詞がその後に来ます。けれども、**特別な状況では主語と動詞の順番が逆になることがあり、これを「倒置」と呼びます。**

　倒置が起こる状況の1つ目は、**「場所を表す表現」が文頭にある場合**です。

例文① The key which you were searching for is <u>here</u>.
　　　（あなたが探していた鍵はここにあります）

　ここには場所を表す表現 here がありますが、文末に置かれているので倒置は起こらず、主語 The key が動詞 is より先に来る、通常の語順になっています。

例文② <u>Here</u> is the key which you were searching for.
　　　（ここにあなたが探していた鍵があります）

　①と②では、意味が大きく変わるわけではありません（②では若干、場所を表す表現 Here が強調されている印象を受けます）が、②では動詞 is が主語 the key より前に置かれています。これは、場所を表す表現 Here が文頭にあるからです。（Here が主語だと勘違いしてはいけません。Here は場所を表す表現、つまり副詞ですが、副詞は主語にはなれません。）

例題

On the grounds of some airfields ------- whose billowing indicates wind direction to pilots.

　(A) are windsocks
　(B) which are windsocks
　(C) the windsocks are
　(D) are which windsocks

訳

一部の飛行場には、それに付いた筒状の布がパイロットに風向きを教える、吹流しがある。

場所を表す表現 On the grounds of some airfields が文頭に置かれているので、倒置を疑いましょう。空所の後には関係代名詞 whose、関係代名詞節の主語 billowing、関係代名詞節の動詞 indicates がありますが、主節の主語と動詞がないので、主節の主語と動詞が倒置された状態で入ることがわかります。この条件を満たしている選択肢は (A) のみです。

解法 27 倒置② 否定形と倒置

　倒置が起こる状況の 2 つ目は、**否定形が主語と動詞より前に置かれている場合**です。

例文① Professor Schmitz has <u>never</u> made a mistake.
　　　（シュミッツ教授は 1 度も間違いを犯したことがない）

　①には否定形 never がありますが、主語 Professor Schmitz は動詞 has ... made より前に来ており、倒置はありません。

例文② <u>Never</u> has Professor Schmitz made a mistake.
　　　（シュミッツ教授は 1 度も間違いを犯したことがない）

　意味は変わりありませんが、②では動詞 has が主語 Professor Schmitz より先に来ていることを確認してください。これは、否定形 Never が主語と動詞よりも前にあるからです。倒置が生じる場合、動詞の全部、つまり has made が主語より前に来るのではなく、**最初の動詞である has のみが前に来て、残りの部分 made は本来の位置に残っている**ことも確認しておきましょう。

例文③ The tutor working at the student center <u>hardly</u> gets angry.
　　　（学生センターで働いているあの個別指導員は、めったに怒らない）

　③には否定形 hardly がありますが、主語 The tutor と動詞 gets の倒置はありません。

58

例文④ Hardly <u>does</u> the tutor working at the student center <u>get</u> angry.
（学生センターで働いているあの個別指導員は、めったに怒らない）

④では、否定形 Hardly が主語と動詞より前にあるので、倒置が起こりました。
倒置を行うときに does が加わっていることに注目してください。倒置が起こる
前の文に動詞が 1 つしかない場合は、主語と時制に応じて do/does/did を加えて
倒置を行います。Hardly gets the tutor ... angry. ではなく、Hardly does the tutor
... get angry. となるわけです。三人称単数現在を表す does が加わったので動詞
は gets ではなく get と原形に戻っています。

例題

Seldom ------- broad political or social rights in the United States prior to the
20th Century, with even control of all their personal assets passing to the
husband upon marriage.

   (A) were women given

   (B) given women

   (C) that the women were given

   (D) that those given women were

訳

20 世紀以前のアメリカ合衆国においては、広い意味での政治的または社会的権利は
女性にほとんど与えられておらず、彼女たちのすべての個人資産は結婚によって夫に
移るような決まりさえあった。

文頭に否定表現 Seldom（ほとんど～ない）が置かれているので、倒置を疑い
ます。倒置が正しく起こっているのは、受動態を成す動詞の一部である be 動詞
が前に出され、その後に主語、そして受動態の残りである動詞の過去分詞 given
が最後に来ている (A) です。

場所を表す表現は文頭に置かれた場合に倒置が起こりますが、否定形に関して
は文頭でなくとも、主語と動詞より前に置かれた場合に倒置が起こります。

解法 28 倒置③ 仮定法と倒置

倒置が起こる状況の 3 つ目は、**ある種の仮定法が使われている場合**です。
❶ **if 節に had、were、should が使われていれば、**
❷ **if を省略して倒置を行うことができる**
というルールを覚えておきましょう。

例文① If he had worked harder, he would have been promoted.
（もし彼がもっと一生懸命働いていたら、出世しただろう）

①は、過去の事実と異なる内容について述べている仮定法です。過去の事実と異なる内容を表す仮定は、《if ＋過去完了形 , would/could ＋現在完了形》によって表すことができます。if 節に had が使われているので、これは倒置を使って書き換えることが可能な仮定法です。

例文② Had he worked harder, he would have been promoted.
（もし彼がもっと一生懸命働いていたら、出世しただろう）

②は①を倒置によって書き換えたものです。If を省略したあと、主語 he と動詞 had worked を倒置しています。倒置はもともと接続詞 if があった節でのみ起こります。

例文③ If I were a student, I would study diligently.
（もし私が学生だったら、真面目に勉強するだろう）

③は、現在の事実と異なる内容について述べている仮定法です。現在の事実と異なる内容を表す仮定は、《if ＋過去形（動詞が be 動詞の場合は主語に関わらず were となる）, would/could ＋動詞の原形》によって表すことができます。if 節に were が使われているので、これは倒置を使って書き換えることが可能です。

例文④ Were I a student, I would study diligently.
（もし私が学生だったら、真面目に勉強するだろう）

60

④は③の If を省略し、倒置によって書き換えたものです。

例文⑤ If you should leave early, don't forget to take the present.
（もし早く帰るのなら、プレゼントを持って帰るのを忘れないで）

　⑤は将来に実際に起こる可能性がある内容について述べている if 節です。この場合、助動詞 should には本来の「〜するべき」という意味はありません（ただし、少し改まった雰囲気になります）。if 節に should が使われているので、これは倒置を使って書き換えることが可能です。

例文⑥ Should you leave early, don't forget to take the present.
（もし早く帰るのなら、プレゼントを持って帰るのを忘れないで）

　⑥は⑤の If を省略し、倒置によって書き換えたものです。

例題

Had -------, its protective magnetic field would not have been generated.

(A) not the earth forming the core made of nickel

(B) not form the nickel core of the earth

(C) the earth not been formed with a nickel core

(D) the formation not of the earth with a nickel core

訳

もし地球がニッケルの核をもって形成されていなければ、地球を保護する磁場が生成されることはなかっただろう。

　問題文が疑問文でもないのに Had から始まっているので、倒置を疑いましょう。また、Had が使われているということは、過去の事実と異なる内容を表す仮定だということがわかるので、空所には過去完了形もなくてはいけません。選択肢の中でこの条件を満たしているのは (C) のみです。もし if が省略されておらず倒置も起こっていなければ、If the earth had not been formed with a nickel core, its protective magnetic field would not have been generated. という文になっていたはずです。

61

解法 29 可算名詞と不可算名詞

　英語の名詞には数えられる可算名詞と、数えられない不可算名詞があります。不可算名詞には、物質名詞（液体、気体など）、抽象名詞（抽象的な観念に関する名詞）、固有名詞（人名や地名など）があり、複数の場合でも s が付きません。

　日本語には可算名詞と不可算名詞の区別がないので、日本語の名詞から推測するには限界があります。また、1 つの名詞が状況に応じて可算名詞になったり、不可算名詞になったりすることもあります。どの名詞が可算なのか不可算なのかは、最終的には辞書を確認したり、時間をかけて覚えていくしかありません。TOEFL では、わかりにくい名詞についてはあまり出題されないので、安心してください。

　TOEFL に頻出の不可算名詞には以下のものがあります。

- **advice**（忠告）　● **damage**（被害）　● **equipment**（道具）　● **furniture**（家具）
- **homework**（宿題、課題）　● **information**（情報）　● **knowledge**（知識）
- **machinery**（機械）　● **mail**（郵便）　● **money**（お金）　● **news**（ニュース）
- **peace**（平和）　● **recognition**（認識）　● **research**（研究）　● **violence**（暴力）

　問題を解くときは、1 つ 1 つの名詞が可算名詞なのか不可算名詞なのか、常に注意していなければなりません。**なぜなら、可算名詞または不可算名詞と一緒でなければ使ってはいけない数量表現があるからです。**

可算名詞とのみ使える数量表現
- **many**（多数の）　● **a number of**（いくつかの）　● **few**（少数の）
- **fewer**（より少ない数の）

不可算名詞とのみ使える数量表現
- **much**（大量の）　● **an amount of**（ある量の）　● **little**（少量の）
- **less**（より少ない量の）

例題

Many of the criticism of artificial sweetener centers on the fact it may be as
　A　　　　　　　　　　　　　B　　　　　　　　　　C　　　　　　　　　D
unhealthy as sugar.

訳

人工甘味料に関する批判の多くは、それが砂糖と同じように不健康かもしれないという事実に集中している。

　名詞 criticism（批判）は不可算名詞なので、(A) の Many は不可算名詞と使用される Much に修正されなければなりません。

　TOEFL では、ある名詞が可算名詞か不可算名詞かを直接尋ねるよりも、例題のように、その名詞と一緒に使われている表現が正しいかどうかを問われることが多いでしょう。注意していれば解ける問題なので、覚えておきましょう。

解法 30 冠詞の使い分け

　英語には a、an、the という 3 つの冠詞があります。a と an は「不定冠詞」、the は「定冠詞」と呼ばれ、名詞の前につきます。不定冠詞は、初めて話題にあがる単数名詞につき、「ある、1 つの」という意味になります。定冠詞は、話し手・聞き手の双方が特定できる名詞につき、「この、あの、その」という意味を持ちます。英語をマスターするうえで、冠詞を自由に使いこなせるようになることはとても重要ですが、冠詞という概念がない日本語を母語とする私たちにはなかなか難しいことです。TOEFL では冠詞について細かく尋ねるような問題はめったに出題されません。ここでは不定冠詞の a と an の違いだけを理解しておきましょう。

　名詞が子音で始まる場合は a、母音で始まる場合は an を付ける、という規則はご存知だと思います。母音とは a、e、i、o、u、そして子音はそれ以外の音のことですね。ただし、気をつけなければならないのは、**ここでいう母音や子音は「発音」のことであり、「綴り」とは関係がない**ということです。

Section

2

63

たとえば、university [jùːnəvə́ːrsəti] という単語の綴りは母音字である u から始まっていますが、**発音は「ユニヴァーシティ」と子音から始まっているので、不定冠詞は a を付けます。**逆に、hour [áuər] という単語の綴りは子音字 h から始まっていますが、発音は「アワー」と母音から始まるので、**不定冠詞は an を付けなければなりません。**

例題

Shakespeare's *King Henry V* immortalized the king's Saint Crispin Day's
                                    A
speech in which the monarch promised that his small force would gain a
       B   C   D
honorable place in history.

訳

シェークスピアの『ヘンリー五世』は、国王が彼の小規模な軍隊が歴史に名を残すであろうことを断言した、聖クリスピンの祭日の演説を不滅のものとした。

(D) の不定冠詞 a は名詞 place に付加されています。けれども、名詞 place の前には、母音で発音される形容詞 honorable [ánərəbl]（名誉を与えるべき）が付いているので、(D) は an と修正されなければなりません。

不定冠詞 a と an の区別については、単純すぎるためにかえって見落としてしまうことがあります。このような問題が出題される可能性があることを覚えておきましょう。

解法 **31** 代名詞の指示対象を把握する

　代名詞は、その名前のとおり、名詞の代わりをする単語です。英語にはたくさんの種類の代名詞があります。まず、それらを復習しておきましょう。

主格代名詞	所有格代名詞	目的格代名詞	所有代名詞	再帰代名詞
I	my	me	mine	myself
you	your	you	yours	yourself (複数 yourselves)
he	his	him	his	himself
she	her	her	hers	herself
it	its	it	---	itself
we	our	us	ours	ourselves
they	their	them	theirs	themselves

- **主格代名詞**：主語となる
- **目的格代名詞**：動詞の目的語となる
- **所有格代名詞**：名詞の直前につき、その名詞の所属を表す
- **所有代名詞**：それ 1 語で、「私のもの」、「あなたのもの」などの意味を表す
- **再帰代名詞**：「～自身」の意味を表す

　代名詞には必ず、指示対象があります。指示対象が不明・不在であれば代名詞を使うことはできません。

> **例題**
>
> *Wonderwoman* was the first comic to gain popularity based on theirs image
>   A   B
> of a strong female defeating male supervillains.
>   C   D

> **訳**
>
> 『ワンダーウーマン』は、強い女性が男の悪者を倒すというそのイメージによって人気を得た、初めての漫画であった。

65

(B) の代名詞 theirs ですが、まずこの代名詞は所有代名詞であるにもかかわらず、名詞の直前に付いていることが文法的に間違っています。また「彼ら／彼女ら、それら」が何を意味しているかが問題文からは理解できません。問題文の意味から論理的に推察すると、この代名詞は comic（漫画）を指しているはずなので its に修正されなければなりません。

Section 2 の Written Expression で代名詞に下線が引いてある場合は、必ずその指示対象を見つけて、代名詞と指示対象が一致しているかどうかを確認しましょう。

解法 32 助動詞の後は動詞の原形

Section 2 の問題を解くときに、まずしなければならないことは主語と動詞の確認（→解法 19）ですが、合わせて「正しい」動詞が使われているかも確認しましょう。ここでは助動詞に関する注意点を挙げておきます。

助動詞は、単独で使われることはなく、常に主となる動詞の前につき、その動詞になんらかの意味を追加します。よく使われる以下の助動詞を、復習しておきましょう。

- **can**（〜できる）　● **could**（can の過去形）
- **may**（〜してもよい、〜するかもしれない）　● **might**（〜するかもしれない）
- **will**（〜するだろう）　● **would**（will の過去形）
- **should**（〜するべきだ、〜しなければならない）
- **must**（〜しなければならない）　● **have to**（〜しなければならない）

助動詞は動詞の一部として扱いますが、**助動詞の後に来る主たる動詞は常に原形になる、というルールを必ず覚えておきましょう。**

例題

The wave-particle duality <u>theory</u> infers that matter is <u>neither</u> particle nor
                         A   B

wave <u>but rather</u> may <u>contained</u> features of both.
        C   D

訳

波動・粒子の二重性理論は、物質とは粒子でも波動でもなく、むしろ両方の特徴を兼ね備えているであろうと推察している。

助動詞 may の直後にある (D) contained に注目してください。助動詞の後にあるにも関わらず、この主動詞には過去形または過去完了形であることを表す -ed が付いています。助動詞の後に来る動詞は常に原形でなければならないので、contain と修正する必要があります。

解法 **33** 受動態に注意する

文の主語が、動詞の行為を能動的に行う場合は能動態となります。反対に、主語が動詞の行為の結果を受ける場合は受動態となります。受動態は、動詞を《be 動詞＋過去分詞》にすると作ることができます。

例文① Judy criticized Peter.〈能動態〉
（ジュディはピーターを批判した）

例文② Peter <u>was criticized</u> by Judy.〈受動態〉
（ピーターはジュディによって批判された）

受動態を作るためには、動詞は criticize のように他動詞（目的語をとる動詞）でなければなりません。①で動詞 criticized が過去形になっているので、②の be 動詞も過去形 was になっています。②の criticized は、形は変わりませんが過去形ではなく、過去分詞形です。行為を行った主体は《by＋行為者》で表されま

67

す。TOEFL では、能動態と受動態の意味の違いを理解することと、受動態の形を押さえておくことが重要です。

例題

The tradition of serfdom is kept in Russia until the 1860s, long after the
      A   B

system disappeared in other major European nations.
  C   D

訳

ロシアの農奴制度の伝統は、この制度がほかの主要なヨーロッパ諸国から姿を消したずっと後の、1860 年代まで守られた。

(A) は受動態になっています。《be 動詞＋過去分詞》になっているのは正しいのですが、until the 1860s という過去を表す表現があることから、受動態も過去形を使って serfdom was kept としなければなりません。

解法 ③④ 完了形に注意する

英語には、「完了形」という時制があります。TOEFL で最もよく使われる完了形は、「現在完了形」と「過去完了形」です。ここでは基本を復習しておきましょう。

❶ **現在完了形**：過去のある時点から始まり、現在までに完了した行為を表します。《have/has ＋過去分詞形》が使われます。

例文① I have already seen that movie.
　　　（私はすでにその映画を見ました）

①は過去のある時点で始まった「映画を見る」という行為が、現在までに完了している状態を表しています。主語が I なので、それに対応する動詞 have と、動詞 see の過去分詞形 seen が使われています。

68

❷過去完了形：過去のある時点から始まり、過去のある時点で完了した行為を表します。《had ＋過去分詞形》が使われます。

例文② By the time his father came home, he <u>had</u> <u>finished</u> his homework.
（彼の父が帰宅したときには、彼は宿題を終わらせていた）

　②は過去のある時点で始まった宿題をするという行為が、過去の別の時点、つまり父が帰宅したときまでに完了していたという状態を表しています。finished は動詞 finish の過去分詞形です。

例題

Adventures of Huckleberry Finn, first <u>released</u> in 1884, has since <u>being</u> one
　　　　　　　　　　　　　　　　　　　A　　　　　　　　　　　　　　B

of the greatest American <u>novels</u>, <u>linking</u> a classic coming-of-age story to
　　　　　　　　　　　　　　　C　　　　　D

biting social satire.

訳

『ハックルベリー・フィンの冒険』は 1884 年に初めて出版されて以来、古典的な成長物語と痛烈な社会風刺をリンクさせた、最も素晴らしいアメリカの小説の１つであり続けている。

　(B) being に注目してください。直前に動詞 has があることから（since に惑わされないよう注意）、現在完了形になっていなければいけませんが、being は動詞 be の過去分詞形ではなく、現在分詞形です。過去分詞形 been に修正する必要があります。

解法 35 形容詞と副詞を区別する

　形容詞と副詞は異なる品詞ですが、どちらもほかの品詞を修飾するという機能を持つためか、区別が難しく感じられることがあります。形容詞と副詞の基本的な特徴を整理しておきましょう。

	機能	形式	文中で置かれる場所
形容詞	名詞を修飾する	接尾辞（語尾）を持つことがある ※1 ※2	名詞の前または連結動詞の後に置かれる
副詞	動詞、形容詞、ほかの副詞を修飾する	形容詞＋ly ※3	文中のさまざまな場所に置かれる（ただし動詞と目的語の間に入ることはできない）

※1　-able、-less、-ic、-ive など
※2　friendly、weekly など副詞と同じ語尾のものもある
※3　fast、very など -ly の付かない副詞（形容詞と同じ形のもの）もある

　ここで、「連結動詞」について説明しておきます。**連結動詞という特別な動詞が文中にあると、直後には名詞または形容詞が置かれます。**名詞を修飾する機能をもつ形容詞は、上の表にもあるとおり一般的には名詞の前に置かれることが多いのですが、連結動詞がある場合は、その後に置かれます。動詞の周辺に来るのは動詞を修飾する機能をもつ副詞だけ、と早合点しないようにしましょう。
　TOEFL 頻出の連結動詞には以下のものがあります。

- **appear**（〜のように見える）　● **be** 動詞　● **become**（〜になる）
- **feel**（〈触れると〉〜に感じる）　● **look**（〜のように見える）
- **seem**（〜のように見える）　● **smell**（〜の匂いがする）　● **taste**（〜の味がする）

例題

Obesity is <u>implicitly</u> in a large <u>percentage of</u> <u>deaths</u> because of its relation to
　　　　　　　　A　　　　　　　　　　B　　　　　　C　　　　　　　　D
cancer or heart attacks.

訳

　肥満は、癌や心臓発作と関係があるため、死亡の大きな原因として潜在している。

　文中に is という be 動詞があります。be 動詞は代表的な連結動詞なので、その直後には名詞または形容詞がなければいけませんが、ここには (A) implicitly という副詞しかありません。副詞であることを表す接尾辞 -ly をとって、implicit（潜在している）という形容詞に修正する必要があります。

解法 36 分詞形容詞に注意する

　英語には、現在分詞と過去分詞という 2 つの分詞が存在します。現在分詞は、動詞に -ing を付けたもの、過去分詞は動詞に -ed を付けたものです（ただし、不規則動詞は特別な形をとります）。

　分詞は、受動態（《be 動詞＋過去分詞》）や完了形（《have ＋過去分詞》）などにおける動詞の一部として使われることが多いのですが、形容詞としても使われます。これを「分詞形容詞」といいます。

例文① He was surprised by the breaking news.（彼はそのニュース速報に驚いた）

　動詞 break の現在分詞 breaking が、形容詞として名詞 news を修飾しています。

例文② He has a broken arm.（彼は腕を骨折している）

　動詞 break の過去分詞 broken が、形容詞として名詞 arm を修飾しています。

　形容詞としての現在分詞と過去分詞はどのように使い分けられるのでしょうか。動詞 break には「壊す、壊れる」という基本的な意味のほかに、「突然発生する」という意味がありますが、①で突然発生したのは「ニュース」です。つまり、分詞形容詞が修飾している名詞が、分詞形容詞が意味する行為の主体である場合は、現在分詞を使います。②では、分詞形容詞によって修飾されている「腕」は「壊す」という行為の主体ではなく、受け手です。つまり、「腕」は「壊され

た（折られた）」のです。このように、分詞形容詞が修飾している名詞が、分詞形容詞が意味している動詞の行為の受け手である場合は、過去分詞を使います。受動態で、過去分詞を使うことを思い出すと覚えやすいでしょう（→解法 33）。

● breaking news = news は、break を行う主体
● broken arm = arm は、break の受け手

　TOEFL では、これら 2 つの分詞形容詞の使い分けについてよく出題されます。Section 2 の問題は、問題文の意味が完全に理解できなくても、文法に注目することによって正しく解ける場合もありますが、このタイプの問題は意味が正確に理解できなければ解けません。

> **例題**
>
> Simplified, older versions <u>of this</u> form are <u>available in</u> the student center,
> 　　　　　　　　　　　　　　A　　　　　　　　B
> while <u>updating</u> ones are <u>expected</u> shortly.
> 　　　　　C　　　　　　　　D

訳

簡略化された、古いタイプのこの用紙は学生センターで入手できるが、最新のものはもうすぐできるはずだ。

　(C) の updating は動詞 update（最新の状態にする）の現在分詞です。分詞形容詞として直後の ones を修飾していますが、ここで ones (= versions) が update の主体なのか、受け手なのかを考えましょう。ones は誰かに「最新の状態にされる」べきもの、つまり動詞の受け手なので、(C) は現在分詞ではなく過去分詞 updated に修正されなければなりません。

　Written Expression の問題で、分詞形容詞に下線が引かれている場合はまず文意をしっかり確認し、分詞形容詞の直後の名詞が「行為の主体なのか、受け手なのか」を判断しましょう。

解法 37 比較級と最上級を区別する

比較級と最上級は、形容詞や副詞を使って何かを比べるときに使われます。

2つのものを 比べる	比較級	原級が短い場合	原級が長い場合
	原級 -er	比較級＋ than	more ＋原級＋ than
3つ以上のものを 比べる	最上級	原級が短い場合	原級が長い場合
	原級 -est	the ＋最上級	the most ＋原級

「原級が短い場合」とは、音節が2つ以下の形容詞や副詞（large、low など）です。「原級が長い場合」とは、音節が2～3つ以上の形容詞や副詞（popular、difficult など）を指します。

不規則に変化する形容詞や副詞もあるので押さえておきましょう。

原形	比較級	最上級
good / well	better	best
bad / badly / ill	worse	worst
little	less	least

例文① Mary is taller than her sister.〈比較級〉
　　　（メアリーは彼女の姉より背が高い）

メアリーと彼女の姉の2人を比べているので、比較級を使っています。

例文② Mary is the tallest student in her class.〈最上級〉
　　　（メアリーは、彼女のクラスで最も背が高い生徒だ）

メアリーと彼女のクラスメートたち全員を比べているので、最上級を使っています。

例題

Plankton are ------- types of creatures in both fresh and saltwater bodies, and they serve as food for small and large sea animals alike.

(A) one of the most common

(B) more common than

(C) most common

(D) of most common

訳

プランクトンは、淡水と海水のどちらにおいても、最もありふれた生物種の１つであり、小型と大型両方の海洋動物の餌となる。

more や most といった表現がどの選択肢にも含まれていることから、比較級または最上級について尋ねる問題だと推測できます。ここでは、プランクトンが淡水または海水に住むほかのすべての生物種と比較されていることから、比較級ではなく最上級を使う必要があります。最上級の正しい形である (A) が正解です。また、この問題では、「最も〜なものの１つ」という表現が使われています。これは、《one of the -est/most 〜＋名詞の複数形》のように最上級を使って表されます。頻出表現なので確認しておきましょう（最後の名詞が常に複数形になることに注意してください）。

解法 38 並列に注意する

　１つの文の異なる場所で、同じ種類の品詞・句・節を使うことを「並列」といいます。英語では、特定の接続詞の前後に並列が必要な場合があります。

❶等位接続詞 and / but / or の前後に来る表現

例文① My professor is <u>kind</u> and <u>strict</u>.〈形容詞と形容詞〉
　　　（私の先生は親切でもあり、厳しくもある）

例文② He is not a student but a teacher. 〈名詞と名詞〉
(彼は学生ではなく、教師である)

例文③ I'm concerned about what he says or what he does. 〈名詞節と名詞節〉
(私は彼が何を言うか、または何をするかを心配している)

❷ both A and B / either A or B / neither A nor B / not only A but (also) B
これらの表現では、AとBの部分が並列になっていなければなりません。

例文④ I like both dancing and singing. 〈動名詞と動名詞〉
(私は踊ることも歌うことも好きだ)

例文⑤ You should be able to find the book either in my bag or on my desk. 〈前置詞句と前置詞句〉
(その本は、私のバッグの中か私の机の上にあるはずだ)

例文⑥ Neither my brother nor my sister is at home right now. 〈名詞句と名詞句〉
(私の兄も姉も今、家にいない)

例文⑦ Not only he passed all the tests but also he won the first prize in the music competition. 〈節と節〉
(彼はすべての試験に合格しただけでなく、音楽コンクールで1位にもなった)

例題

The works of Somerset Maugham may be interpreted as both unabashed endorsements of the apex of the British Empire ------- of that same entity.

(A) and scathing criticisms

(B) nor scathingly critical

(C) either critically scathing

(D) a scathing criticism

訳

サマセット・モームの作品は、大英帝国の絶頂期への臆面もない支持と、その同じものに対する痛烈な批判の両方として解釈することができる。

問題文に both があることから、both A and B という表現が使われているはず
だということが推測できます。これだけでも正解 (A) を選ぶことが可能ですが、
both A and B は並列を要求するので、確認しておきましょう。both の直後には
unabashed endorsements と、形容詞と名詞が並んでいます。(A) を空所に入れる
と、and の直後に scathing criticisms と、やはり形容詞と名詞が並ぶので、正し
い並列構造になります。

解法 39 語彙問題に注意する

　Section 2 は、文法に関する知識を試す問題が多いですが、語彙に関する問題
が出題されることもあります。ここでは、頻出の語彙問題のパターンについて確
認しておきましょう。

❶「人」と「物事」の区別
　英語には、poet（詩人）〈人〉と poem（詩）〈物事〉、authority（権力者）〈人〉
と authorization（承認）〈物事〉など、発音や綴りが似ていても「人」と「物事」
の区別がある単語があります。このパターンの語彙問題では、意味的に「人」を
表す名詞が使われるべき場所に「物」を表す名詞が使われている文や、その反対
の文が出題されます。

❷不要な繰り返し
　このパターンの語彙問題では、「不要な繰り返し」表現が含まれた文が出題さ
れます。不要な繰り返しとは、ancient old、first original などのように同じ意味
を持つ単語が重ねて使用されている場合（どちらか 1 つは不要）や、repeat
again のように不要な表現が付加されている場合（re-「再び」という接頭辞から
もわかるように、動詞 repeat は「再び同じことをする」という意味を持つので
again は不要）などが含まれます。

❸動詞 do と make の区別
　このパターンの語彙問題では、本来動詞 do が使われるべき表現で make が使
われていたり、逆に make が使われるべき表現で do が使われている文が出題さ
れます。たいていの場合、日本語の「作る」は make で、「する」は do を使って

表現することができます。たとえば、「朝食を作る」は make breakfast、「宿題をする」は do homework なので、混乱する必要はありません。けれども、「努力をする」は make an effort、「返事をする」は make a response と、do ではなく make を使う表現もあります。

　語彙に関する問題はそのほとんどが Written Expression で出題されます。これらは決して難しくはありませんが、このような問題が出題される可能性をふまえておかなければ、間違いに気づかないことがあるので気をつけましょう。

Section 3 Reading Comprehension

特徴と対策

問題のスタイル

Section 3 は、5 つのリーディング・パッセージと 50 の問題で構成されています。各パッセージの長さはおよそ 250 語〜 350 語程度で、1 つのパッセージにつき 10 問程度が出題されます。すべて 4 肢択一です。

Prison systems in modern Western societies have been impacted most by two opposing concepts: rehabilitation and deterrence. Rehabilitation focuses on treating the causes of a prison inmate's crime and ensuring that inmates are returned to society as law-abiding citizens. Therefore, rehabilitation-centered prisons may give inmates usable academic or vocational skills and treat any substance abuse problems they may have. In contrast, deterrence-centered prison systems may be deliberately harsh. They may offer very few amenities for prisoners, and liberty, including even basic exercise, may be minimal. Such prisons are designed to deter crime by showing the high penalties for convicted criminals. These harsh prison conditions would also supposedly convince current inmates to commit no further crimes once released.

(以下略)

Which of the following generalizations is best supported by the passage?
(A) Global prison systems vary too randomly to easily classify.
(B) Severe prison conditions cause released inmates to return to crime.
(C) Competing theories have impacted treatment of criminals.
(D) Rehabilitation of inmates is more useful than deterrence.

テーマと内容

　英語圏の大学の授業で使用される、教科書のような文章が出題されます。Section 1 の Part C と同様に、文学・歴史・経済学など文系科目から、生物学・化学・地質学など理系科目、また音楽や美術といった芸術系科目まで、多岐にわたる内容が出ます。

基本ストラテジー

1 Section 3 では 5 つのパッセージが出題されますが、テスト用紙に印刷された順番で読む必要はありません。**各パッセージの最初の 1、2 行をさっと読めば、そのパッセージがどんな科目に関するものかはすぐにわかるので、自分の得意な科目に関するものから解き始めましょう。**得意科目の背景知識があれば、読んで理解するスピードや精度が上がります。時間との戦いを制するためにも有効な作戦です。ただしマークシートの番号を間違えないように注意しましょう。

2 語彙力はすべてのセクションで必要ですが、Section 3 の長文読解においては特に重要です。**基本語彙に加えて TOEFL 特有のアカデミックな語彙と表現を、TOEFL 専用の単語集で増強しておきましょう。**ただし、Section 3 に多く登場し難解な印象を与える専門用語や学術用語は、すべてを知っていなくても大丈夫です。これらの高度な語彙は大抵、後続の文などで意味が説明されており、推測も可能です。説明がないものは、知らなくても回答に支障がない場合が多いでしょう。本書の解法を参照し、単語の意味を推測する方法を確認しておきましょう。

3 Section 3 では、パッセージ中のすべての単語、すべての文をしっかり理解しようと精読する時間はありません。**まずは速読によってひととおり目を通して、大意をつかみます。そして問題にとりかかってから、必要に応じて関連部分を注意して読む**という流れがよいでしょう。普段からリーディングのスピードを上げる練習をしておき、**1 つのパッセージを、およそ 3 分程度で読んで大意をつかめるようにしておきましょう。**

☞ 解法 ㊵〜㊽ へ

解法 40 パッセージの主旨を把握する

　Section 3 では必ず、リーディング・パッセージ全体の主旨を問う問題が出題されます。「主旨」は、main idea、main point、main subject、main topic などと表現されます。質問には以下のような表現がよく使われます。

Which of the following statements best expresses the main idea of the passage?
（以下のどの文が、このパッセージの主旨を最もよく表していますか）

What is the main topic of the passage?
（このパッセージの主題は何ですか）

What does the passage mainly discuss?
（このパッセージは主に何について論じていますか）

Which of the following is the best title for the passage?
（このパッセージに最も適したタイトルは以下のどれですか）

　主旨を問う問題では、以下に気をつけましょう。

①パッセージ全体を読んでから答える
　主旨を問う問題に正しく答えるためには、必ず 1 度パッセージ全体を読まなければなりません。全体を短時間で的確に把握するためには、以下の 2 点を押さえておきましょう。

❶**パッセージの構成を意識して読みましょう。**パッセージは introduction（最初の段落＝導入部）、body paragraphs（本論）、conclusion（最後の段落＝結論）という 3 つの部分で成り立っています。この構成を意識しながら、最初の段落で「このパッセージで何が述べられるか」というおおまかな主旨（主題・目的）をつかみ、最後の段落でパッセージの結論をつかみましょう。

❷**各段落の「トピックセンテンス」を注意して読みましょう。**トピックセンテンス (topic sentence) とは、その段落の主題・主張が示される文のことで、**各段落の最初の 1 ～ 2 文**にあります。つまり各段落の最初の文を合わせれば、パッセージ全体の要点が理解できます。なお introduction の最初の 1 ～ 2 文は、

80

段落だけでなくパッセージ全体の主旨が示されている場合が多くあるので特に注意して読みましょう。

② パッセージにはない内容、実際より広すぎる内容、実際より狭すぎる内容が含まれている選択肢は選ばない

答えを選ぶときは当然ながら、パッセージに含まれていない内容の選択肢を選んではいけません。パッセージ中の語彙がちりばめられた誤答にひっかからないよう注意しましょう。また、パッセージの内容と関連があっても、それよりも広すぎる内容（たとえば、パッセージでは特定の植物についてのみ論じているのに、選択肢はすべての植物について述べている場合）や、狭すぎる内容（たとえば、1つの段落や文でのみ述べられている内容に関する選択肢）を含む選択肢も選んではいけません。

例題

The formation of the moon had been a subject of academic study and debate for many centuries. In past eras, some scientists speculated that the moon may have emerged from the earth at the time of its formation. Others asserted that the moon formed from the same materials as the earth during the early stages of the birth of the solar system.

The now commonly-accepted "giant impact hypothesis" asserts that a planet or proto-planet struck the earth during the last phases of its development. Part of the debris from this catastrophic impact was blown out into space, sent into orbit around the earth, and ultimately coalesced into our moon.

(以下略)

Which of the following would be the best title for this passage?
(A) Features of the earth's moon
(B) Roving proto-planetary impacts
(C) Creation of a celestial body
(D) Solar cataclysms

訳

　月の組成は、何世紀にもわたる学術研究の題材でもあり、議論の対象でもあった。過去には、一部の科学者が、月は地球が形成されたときにそこから発生したのではないかとの仮説を立てた。ほかの者は、太陽系誕生の初期過程において、月は地球と同じ物質から形成されたと主張した。

　現在、一般的に受け入れられている「巨大衝突説」は、ある惑星、またはある原始惑星が、地球の形成の最終段階において地球に衝突したと主張している。この壊滅的な衝突から発生した破片の一部が宇宙空間へと吹き飛ばされ、地球の軌道へと送られ、最終的に融合して月になったというのである。

このパッセージに最も適したタイトルは以下のどれですか。
(A) 地球の月の特徴
(B) 移動する原子惑星の衝突
(C) ある天体の創造
(D) 太陽の大変動

　第1段落は、The formation of the moon（月の組成）という表現から始まっています。また、第2段落の最後の文も、月の組成の詳しい過程について述べています。このことから、パッセージ全体のタイトル（主旨）としてふさわしいのは(C) です。(C) の a celestial body（ある天体）が the moon を、creation（創造）が formation（組成）を言い換えています。(D) についてはまったく言及がないので、パッセージにはない内容、ということになります。(A) は、パッセージの主題である「月」に関係した内容ではありますが、パッセージで実際に述べられているのはその組成についてのみであり、さまざまな特徴については述べられていないので、実際より広すぎる内容です。(B) については第2段落で述べられていますが、第1段落では触れられていないので、狭すぎる内容となります。

　主旨を問う問題においては、パッセージ全体を簡潔に要約している選択肢を選びましょう。

解法 41 パッセージの構成を把握する

　パッセージの構成 (organization) を問う問題も頻出です。構成とは、パッセージの中で情報が並べられている順番だと捉えてください。質問には以下のようなものが考えられます。

How is the information in the passage organized?
（パッセージの情報はどのように構成されていますか）

What is the relationship between the two paragraphs in the passage?
（パッセージ中の 2 つの段落の関係は何ですか）

In what order does the author discuss ...?
（どのような順番で筆者は … について論じていますか）

　パッセージの構成を問う問題では、次のことに気をつけてください。

❶パッセージ全体を読んでから答える

　パッセージの構成を問う問題に正しく答えるためには、必ず 1 度はパッセージ全体を読まなければなりません。**要点をより的確に把握するために、各段落のトピックセンテンスを特に注意して読みましょう。**解法 40 で述べたように、段落の初めの 1 〜 2 文にはその段落の主題が示されているので、すべての段落のトピックセンテンスをつなげていくと、パッセージ全体の構成をつかむことができます。

❷論理マーカーに注目する

　構成を問う問題では、細部にこだわる必要はありません。それよりも、それぞれの段落の主旨を理解することが大切です。解法 16 の**「論理マーカー」を聞き取る**をもう 1 度復習しておきましょう。論理マーカーは、各段落の主旨や役割を示す有力なヒントになります。

83

例題

There are many different theories on the proper role of CEOs. They have experienced success—or failure—with many different types of management styles; therefore, it is hard to state that only one style is best.

Some prefer to "lead from the front lines." They may regularly inspect employee work, assist or advise on specific projects, or otherwise act as a "senior employee" instead of a "boss." These CEOs may sometimes be seen walking the factory floor to get a personal idea of production—much like a general who marches at the head of an army.

However, another theory states that CEOs should mainly strategize, creating concepts, targets, and broad policies that staff should follow. After that, CEOs may leave it to his or her executives to meet such goals in their own ways. A CEO focusing mainly on strategy may primarily meet only corporate officers and only rarely visit lower-ranking staff or inspect facilities.

How is the information in the passage organized?

(A) The origins of modern CEOs are examined.

(B) Contrasting methods of leading are presented.

(C) The profitability of various business goals is analyzed.

(D) Examples of highly profitable companies are detailed.

訳

CEO（chief executive officer ＝最高経営責任者）の適切な役割については多くの異なる説がある。彼らはさまざまな種類の経営方式において、成功と失敗を経験してきたため、ある1つの方式が最高のものであると断定するのは困難である。

一部の CEO は「第一線で指揮をとる」ことを好む。彼らは定期的に従業員の作業を視察し、特定のプロジェクトに対する援助や助言を行うか、そうでなければ、「上司」というよりは「先輩従業員」としてふるまうであろう。このような CEO たちは時には工場の作業場を、製造に関する個人的なアイデアを得るために歩き回っているところを見られるかもしれない――あたかも軍隊の先頭で行進する将軍のように。

しかしほかの説は、CEO はスタッフが従うべき商品コンセプト、商品ターゲットや広範な指針を創造することによって、基本的には戦略を練る立場でいるべきだと主張する。それを行った後、重役たちに、彼ら独自の方法でこれらの目的を達成する

ようにと委ねることができる。主に戦略を練ることに集中している CEO は、基本的には会社役員のみと接触し、下級のスタッフを訪ねたり、施設を視察したりすることはめったにないだろう。

パッセージの情報はどのように構成されていますか。
(A) 現代の CEO の起源について検証している。
(B) 指揮体制に関する対照的な方法が示されている。
(C) さまざまな事業目標の収益性が分析されている。
(D) 収益力が極めて高い企業の例が詳述されている。

パッセージの構成を尋ねる問題なので、全体を読まなければなりませんが、各段落のトピックセンテンスに注目してみましょう。第 1 段落の最初の文は、There are many different theories on the proper role of CEOs. なので、「このパッセージでは CEO の役割に関するさまざまな説が紹介されるのかな」と推測することができます。第 2 段落の最初の文は、Some prefer to "lead from the front lines." で、一部の CEO の傾向について述べられていることがわかります。もし、この最初の文だけではわかりにくいようであれば、次の文、They may regularly inspect employee work ... も読んでみるとこの説における CEO の行動や特徴が具体的に理解できるでしょう。

次に第 3 段落の最初の文は、However, another theory states that CEOs should mainly strategize ... とあるので、第 2 段落とは別の説が紹介されていることがわかります。しかも、最初に反対・対比を表わす論理マーカー、However があるので、ここで説明される説は第 2 段落で説明されている説とは対照的なものであることが理解でき、選択肢から正解 (B) を選ぶことができるでしょう。

Section

3

解法 42 パッセージの前後の情報を推測する

　実際のテストには印刷されていない、パッセージの前または後の段落に含まれているであろう情報について尋ねる問題があります。質問としては以下のようなものが考えられます。

What was most probably discussed in the paragraph <u>preceding</u> the passage?
（このパッセージの前の段落ではおそらく何について論じていますか）

The paragraph <u>following</u> this passage most probably discusses ...
（このパッセージの後の段落ではおそらく何について論じると思われますか）

　以下の方法で正解を見つけます。
- **「パッセージの前」を問う問題**：パッセージの**最初の文**を読み、これと適切につながる内容の選択肢を選ぶ
- **「パッセージの後」を問う問題**：パッセージの**最後の文**を読み、これと適切につながる内容の選択肢を選ぶ

例題

　Another myth of the American War of Independence is that most colonists were opposed to British control. In fact, estimates of "patriots" or even independence sympathizers range from 30-40%, with 20% remaining "Tories" loyal to the British monarchy and the remainder politically neutral. However, the patriots were able to seize effective political control in every colony, crushing Tory power and causing many to flee to Canada.

（以下略）

The paragraph preceding this passage most probably discusses

(A) aspects of the British monarchy
(B) major battles of the War of Independence
(C) a different historical misconception
(D) policies that failed to halt a war

訳

アメリカ独立戦争にまつわるもう1つの俗説は、ほとんどの入植者がイギリスによる支配に反抗していたというものである。実際には、「愛国派」、または独立支持者でも推定30〜40パーセントにすぎず、20パーセントはイギリス君主制に忠実な「トーリー」のままで、それ以外は政治的に中立であった。愛国派はしかし、トーリーの勢力を潰しその多くにカナダへの避難を余技なくさせ、各植民地において事実上の政治支配力を掌握することができたのだ。

このパッセージの前の段落ではおそらく何について論じていますか。
(A) イギリス君主制の特徴
(B) 独立戦争の主要な戦い
(C) 歴史上の別の誤解
(D) 休戦に失敗した政策

この問題では、パッセージの前にあるべき段落について問われているので、パッセージの最初の文に注目します。最初の文はAnother myth of the American War of Independence is ... で、Another myth（もう1つの俗説）とあるので、この前の段落ではほかの俗説が述べられていると推測できます。この myth は「俗説、誤った説」の意味で、これを misconception（誤解）と言い換えている (C) が正解です。

パッセージの前後の情報について問う問題は、注目すべき部分がはっきりしているので、比較的容易な問題だといえるでしょう。確実に正解できるようにしておきましょう。

解法 43 細部を把握する

　細部を問う問題は、最も頻繁に出題されます。質問にはさまざまなパターンが考えられますが、以下のような表現で始まることが多いでしょう。

According to the passage, ...（パッセージによると…）

The passage indicates that ...（パッセージが示しているのは…）

The author mentions that ...（筆者が指摘しているのは…）

Which of the following is true about ...?（… について真実なのは以下のどれですか）

Why does the author say ...?（筆者はなぜ … と言っているのですか）

　細部を問う問題では、以下のステップを踏んでください。

❶質問文の中にキーワードがあればヒントにして、関連する部分をパッセージから見つける

　細部を問う問題では、関連する部分をパッセージから見つけることができれば、正解できる可能性が高くなります。ここで覚えておくと役に立つのは、**細部を問う問題は、パッセージ内の情報の順番に従って出題される**ということです。たとえば、ある問題に関連する部分が第 1 段落の最後の文にあれば、それ以降の問題に関連する部分は第 2 段落以降にある、ということです。

❷問題に関連する部分を慎重に読み、それが正しく言い換えられている選択肢を選ぶ

　関連する部分が見つかったら、そこを慎重に読み、それと同じ内容が別の表現で言い換えられた選択肢を選びましょう。選択肢での言い換えは、**パッセージの文・情報を要約／抽象化／客観化したもの**が多く見られます。

　誤答には、紛らわしい表現が数多く含まれています。パッセージと同じ表現が使われている選択肢に飛びつかないよう注意しましょう。

例題

Commonly mistaken for being an island, Seattle is a city in Washington State situated on an isthmus separating the Pacific Ocean's Puget Sound from Lake Washington. It was settled by American colonists in 1851, about two and half centuries after Jamestown had been established in Virginia.

(以下略)

According to the passage, Seattle is located
(A) on an island
(B) in the middle of a lake
(C) between two bodies of water
(D) on the same piece of land as Jamestown

訳

島とよく間違えられるのだが、ワシントン州の都市であるシアトルは、大西洋のピュジェット湾とワシントン湖を隔てる地峡に位置している。ヴァージニア州にジェームズタウンが築かれてから約2世紀半後の1851年に、アメリカへの入植者たちがシアトルに定住し始めたのである。

パッセージによると、シアトルが位置しているのは
(A) 島
(B) 湖の中心
(C) 2つの水域の間
(D) ジェームズタウンが位置しているのと同じ土地

質問文の Seattle is located をそのままキーワードと捉え、関連する部分を探してみましょう。最初の文に、..., Seattle is ... situated on ... とあります。located と situated、ともに「位置している」という意味なので、ここにシアトルの位置に関する情報がありそうです。次に、この文をより詳細に見てみましょう。..., Seattle is ... situated on an isthmus separating the Pacific Ocean's Puget Sound from Lake Washington. とあります。ここで述べられている「大西洋のピュジェット湾とワシントン湖を隔てる地峡」がシアトルの具体的な位置、つまり答えとなる文なので、これを正しく言い換えている選択肢を探します。(C) の two bodies of water が Puget Sound と Lake Washington を抽象的に言い換えており、正解となります。

89

細部を問う問題は、慌てずにじっくりと取り組めば比較的容易です。誤答に惑わされないよう、確実に正解を選びましょう。

解法 44　書かれていない内容を見抜く

　パッセージには書かれていないことを推測・判断させる問題も頻出します。これも細部を問う問題の一種ですが、正解はパッセージに書かれていない内容であり、誤答はパッセージに書かれている内容となるので、注意する必要があります。以下のような質問が考えられます。

Which of the following were NOT true [mentioned] ...
（以下の中で真実でないものは（述べられていないものは）どれですか）

Shakespeare's *Romeo and Juliet* has all of the following characteristics EXCEPT
（シェークスピアの『ロミオとジュリエット』の特徴でないものは以下のどれですか）

Which of the following is LEAST likely true?
（以下の中で最も真実でないと考えられるものはどれですか）

　このように、NOT、EXCEPT、LEAST といった表現が使われます。大文字で表記されるので、これらの表現を質問文に見つけたら、パッセージに書かれていない内容を見つけなければならないということを意識して臨んでください。
　書かれていない内容を問う問題では、以下のステップを踏んでください。

❶質問文の中にキーワードがあればヒントにして、関連する部分をパッセージから見つける
　これは、細部を問う問題（→解法43）を解く場合と同じステップですが、書かれていない内容を問う問題の場合は、関連する部分が多くなる傾向があります。ときには複数の段落を読まなければいけないこともあります。

❷関連する部分と選択肢を照合していく。選択肢の内容が正しければ潰し、残った選択肢を選ぶ
　TOEFL では時間を節約するために、正解だと確信がもてる選択肢があれば、

90

残りの選択肢は無視しても構わない問題もあります。しかし**書かれていない内容を問う問題では、この消去法が最も確実に正解できる方法です。**

例題

The Korean language script, Hangeul, contains 10 vowels and 14 consonants. It is also perhaps the only script whose creation date can be approximated. Korean King Sejong the Great commissioned the creation of the script by scholars in the 15th Century, behind the reasoning that Chinese ideograms—used by the Korean aristocratic scholar class up to that time— was an inappropriate instrument for mass literacy and furthermore unsuitable for Korean linguistic habits.

（以下略）

Which of the following is probably NOT a cause for the creation of Hangeul?
(A) Pressure by outside governments
(B) Support by the national monarchy
(C) Insufficiencies of a foreign writing system
(D) A goal of wider public literacy

訳

韓国語の文字であるハングルは、10 の母音と 14 の子音から成り立っている。これはまた、いつ創造されたかを概算することができる唯一の文字であろう。15 世紀に、韓国の世宗大王は学者たちに文字の創造を任命した。その背景には、それまで韓国の貴族・学者階級によって使用されていた中国の表意文字は、一般大衆の書記手段としては不適切であったうえ、韓国語の言語習慣にも合っていなかったという理由があった。

以下の中で、ハングルが創造された理由として真実ではないと思われるのはどれですか。
(A) 外国政府からの圧力
(B) 国の王室からの支援
(C) 外国の書記体系であることの不備
(D) 大衆の識字能力の拡大という目標

問題文のキーワードは、a cause for the creation of Hangeul（ハングル創造の

91

理由）です。パッセージでは、3行目〜5行目でハングルが創造された理由が複数述べられており、これが関連する部分となります。選択肢と照合していくと、(B) は Korean King Sejong the Great commissioned the creation of the script、(D) は Chinese ideograms ... was an inappropriate instrument for mass literacy、そして (C) は Chinese ideograms ... was ... unsuitable for Korean linguistic habits と一致しています。残った選択肢 (A) が正解です。

　照合・消去法は時間がかかりますが、関連部分をすばやく探し、選択肢での言い換えをすぐに見抜くことがポイントです。

解法 45 「暗示・示唆された内容」を見抜く

　Section 3 では「暗示・示唆されていること」を問う問題もよく出題されます。暗示・示唆されている内容とは、はっきりと書かれているわけではないが、パッセージの内容を理解していれば正しいと推測できる内容、を意味しています。質問には以下のようなものが考えられます。

The author implies that ...
（筆者が暗示しているのは・・・）

What can be inferred about ...
（・・・ について推測できるのは何ですか）

It can be inferred from the passage that ...
（パッセージから推測できるのは・・・）

The passage suggests that ...
（パッセージが示唆しているのは・・・）

　暗示・示唆された内容を問う質問では、imply（暗示する）、infer（推測する）、suggest（示唆する）などの動詞がよく使われます。これらの動詞以外に、probably（おそらく）や likely（あり得る）といった表現が使われることもあります。
　これらの問題には、以下のステップを踏んでください。

92

❶質問文の中にキーワードがあればヒントにして、問題に関連する部分をパッセージから見つける

このステップは、解法43・解法44の場合と変わりません。

❷論理的想像力を働かせながら、関連する部分と選択肢を照合し、正しい可能性が最も高いものを選ぶ

暗示・示唆された内容を問う問題では、具体的で明確な答えをパッセージ中に見つけることはできません。正解はあくまでも「暗示・示唆されていること」なので、**論理的な想像力**を働かせることが大切です（これを **educated guess =「根拠のある推測」**といいます）。正解は、絶対的に正しい内容というよりも、ほかの選択肢に比べて正しい可能性が高いものです。このことを確認するためにも、最終的に答えを選ぶ前にすべての選択肢を比較検討するべきです。

Section 3

例題

Derived in part from Church Slavonic and using the Cyrillic—not the Roman—Alphabet, the Russian language may sound unusual to Western ears. Stresses within words do not follow a set pattern; the best way to know a Russian word's correct pronunciation may be to memorize it. The Russian language also embodies the country's long tradition of both formality and familial affinity.

To exemplify this, an older male stranger may be referred to in Russian as "uncle" or even "grandfather," showing both respect and a certain familiarity that the approximate English counterpart "sir" does not. Russians may also use these terms for non-Russians they encounter, so it would not be unusual for an older American female to be referred to—in English—as "aunt" by a Russian.

（以下略）

It can be inferred from the passage that the Russian language

(A) is difficult for foreigners to master

(B) has borrowed many English terms

(C) reflects age in communication style

(D) lacks a counterpart to some American family concepts

訳

　部分的には教会スラブ語から派生し、ローマ字ではなくキリル文字を使用している
ロシア語は、欧米人の耳には異様に聞こえるかもしれない。単語内につけられるアク
セントには決まったパターンがないので、ロシア語の単語の正しい発音を知るための
最もよい方法は暗記することといえるかもしれない。ロシア語はまた、形式性と一族
間の親近感に関する、国家の長年の慣習を具象化している。

　たとえば、年長の見知らぬ男性は、ロシア語で「おじさん (uncle)」、または「おじ
いさん (grandfather)」とさえ呼ばれることがある。英語で同じような状況で使用さ
れる「あなた (sir)」が表すことのない、尊敬の念とある種の親密性を同時に示してい
るのである。ロシア人はこれらの表現を、ロシア人以外の人との出会いの場でも使う
ことがある。したがって年長のアメリカ人女性が、英語で言うところの「おばさん
(aunt)」とロシア人に呼びかけられても、不思議とはいえないのだ。

ロシア語に関して暗示されているのは
(A) 外国人が習得するのは難しい
(B) 多くの表現を英語から借りている
(C) コミュニケーションの中で、年齢が反映される
(D) アメリカ人の家族関係を表すいくつかの概念に対応する表現が欠けている

　質問文のキーワードは、the Russian language です。パッセージではロシア語
のさまざまな特徴が述べられており、それが問題と関連する部分となります。選
択肢と照合していきましょう。2 行目の ... the Russian language may sound
unusual to Western ears は、(A) を暗示しているといえるかもしれません。また、
7 〜 8 行目の ... an older male stranger may be referred to in Russian as "uncle"
or even "grandfather," ... や、10 〜 12 行目の ... it would not be unusual for an
older American female to be referred to ... as "aunt" by a Russian は、(C) を暗示
していると考えられます。(B) と (D) を暗示しているような内容をパッセージか
ら見つけることはできません。(A) と (C) のどちらがより正解としてふさわしい
かを考えます。(C) のほうがより具体的ないくつかの例によって支持されている
ため、パッセージが示唆する真実である可能性がより高いといえるので正解で
す。

解法 46 代名詞の指示対象を把握する

　ある代名詞がどの単語を指しているかについて問う、代名詞に関する問題は頻出です。以下のような質問が多いでしょう。

The word "X" in line Y refers to
（Y行目にある単語Xが指しているのは）

　このXに代名詞が入ります。Xには he、it、they などの人称代名詞はもちろん、不定代名詞 one や、指示代名詞 that、those が入ることもあります。
　代名詞に関する問題では、以下のステップを踏んでください。

❶代名詞の直前にある文または節の中から、名詞をリストアップする

　代名詞は、それ以前に出てきた名詞の代わりに使用されるものですから、その代名詞より後の部分に答えがあることはほとんどありません。また、その代名詞から遠く離れた文に答えがあることも少ないでしょう。代名詞の直前に出てきた名詞が正解の候補です。

❷リストアップした名詞を代名詞と入れ替え、文の意味がスムーズに通るかどうかを確認する

　リストアップした名詞を代名詞の位置に入れてみて、その前後を一気に読んでみましょう。意味がスムーズに理解できれば、その名詞が正しい答えです。また、代名詞の文法的特徴にも注目しましょう。たとえば、問題となっている代名詞が it であれば、答えとなる名詞は複数ではなく単数で、「人」ではなく「物事」を表しているはずです。

例題

　Carnivorous plants such as the pitcher plant exist in areas where the soil and other aspects of the natural environment do not provide enough nutrients to survive. The pitcher plant makes up for the deficiency through eating insects. It attracts these through its bright colors and broad opening. The sides of the plant are designed so that it is difficult for insects to climb out. Some species of pitcher plants also have curves so that insects cannot easily

95

escape after they have entered. They become exhausted after a time and slide down into the plant's digestive fluids.

（以下略）

The pronoun "They" in line 7 refers to
(A) plants
(B) insects
(C) curves
(D) digestive fluids

訳

　食虫植物などの食肉性の植物は、土壌やその他の自然環境の特徴が生存に必要な栄養素を十分に提供してくれない場所に存在している。食虫植物は、栄養の欠乏を昆虫を食べることによって補っている。食虫植物は、昆虫たちをその鮮やかな色や大きな開口部によっておびきよせる。植物の側面は昆虫が登り出ることができにくいように作られている。また、一部の種類の食虫植物は曲面を持っていて、昆虫たちが入ってきたあと簡単には出られないようになっているのだ。しばらくするとそれらは疲れ果て、植物の消化液の中へと滑り落ちていくのである。

7 行目の代名詞 They が指しているのは
(A) 植物
(B) 昆虫
(C) 曲面
(D) 消化液

　問われている代名詞 They の直前（前の文）にある名詞は、insects、curves、pitcher plants、species などです。これらの名詞はすべて複数形なので、文法的には They によって言い換えられることができますが、They を置き換えてみて意味が通るのは (B) insects のみです。疲れ果てたり、滑り落ちていくのは昆虫です。(D) の digestive fluids は、They より後に出てきているので、正解である可能性はもともと低いと考えることができます。

　代名詞を問う問題は比較的容易なので、全問正解を狙いましょう。

解法 **47** 文中から語彙の意味を見つける

語彙に関する問題は、すべてのパッセージで出題されます。質問は以下のようなものです。

The word "X" in line Y is closest in meaning to
（Y行目の単語Xに最も意味が近いのは）

語彙問題は、基本的には以下の方法で解きます。
● 文中の単語 X と同じ意味の同義語や言い換え表現を、選択肢から見つける
● 選択肢を単語 X と入れ替え、意味が通ることを確認する

語彙問題で正解するには、普段から基本的な語彙力を高めておくことが必須です。しかし、TOEFL のリーディングに出てくる語彙は難易度が高いものが多く、**自分の語彙力が通用しない問題も多くあります。そんなときは、パッセージの文中からヒントを探し、意味を推測して解きましょう。**
文中に示されているヒントには、以下のようなものがあります。

❶パンクチュエーション（句読点）： カンマ (,) やダッシュ (—) の後や、括弧の中で、問題となっている語彙に関して説明されている場合があります。

Evolution has established that the success of a species depends on its adaptability —its biological tendency to positively change under new environmental conditions.
（進化論は、ある生物種が生き残っていけるかどうかはその適応能力、つまり新たな環境条件に対して肯定的に変異する生物学的特質によるということを立証した）

adaptability という語彙と、その詳しい説明、its biological tendency to positively change がダッシュによってつながれています。

❷言い換え・説明の際に使われる表現： or（または）、that is（つまり）、which is（つまり）、which means（これが意味するのは）、in other words（言い換えれば）、などの表現を使って、問題となっている語彙が説明される場合があり

ます。

Russia has a long history of <u>authoritarianism,</u> <u>or</u> <u>social and political control by powerful central authorities.</u>
（ロシアには、権威主義、または強い中央権力による社会的・政治的支配の長い歴史がある）

　authoritarianism という語彙が、or という表現を使って social and political control by powerful central authorities と説明されています。

❸**例を示す表現**：such as ...（…のような）、for example（たとえば）、for instance（たとえば）などの表現を使って、問題となっている語彙に関して具体的な例が挙げられ、語彙の意味がわかりやすく示される場合があります。

Behavioral economists cite <u>acts</u> <u>such as</u> <u>overconsumption and investment recklessness</u> as evidence of fundamental human irrationality.
（行動経済学者は、過剰消費や無謀な投資のような行為を人間の根本的な不合理性を証明するものとして捉えている）

　such as の後にある overconsumption and investment recklessness が、acts の具体例となっています。

例題

　　Psychiatrists had long treated afflicted—mentally troubled—patients with medicines to physically calm or invigorate the mind. As the field merged with genetic research, some treatment methods sought greater capitalization on advances in that field, such as using gene information to gain clues to actual human behavior. To illustrate this, altering a gene for aggression might reduce aggressive fundamental behaviors or traits in a patient.

（以下略）

1. The word "afflicted" in line 1 is closest in meaning to
(A) debated
(B) reflected
(C) impaired

98

(D) caused

2. What is "greater capitalization" in line 3?
(A) Scientific funding
(B) Increased knowledge
(C) Improved clinics
(D) Additional personnel

3. The word "traits" in line 6 is closest in meaning to
(A) tendencies
(B) locations
(C) sizes
(D) decisions

Section

3

訳

　精神科の医師たちは長い間、罹患した、つまり精神的な障害をもった患者を身体的に落ち着かせたり、精神を鼓舞するような薬物をもって治療してきた。精神医学分野が遺伝子研究と融合するにつれて、一部の治療法は遺伝子研究における進歩から、遺伝子情報を使って実際の人間行動に関する手がかりを得るなどといった、より大きな財産を手に入れようとしている。たとえば、攻撃性に関係する遺伝子を変化させることによって、患者の攻撃的な基本挙動、または傾向を減少させることができるかもしれないのだ。

1. 1行目の単語 "afflicted" に最も意味が近いのは
(A) 議論された
(B) 反映された
(C) 障害のある
(D) 原因となった

2. 3行目の "greater capitalization" とは何ですか。
(A) 科学研究に対する財政的支援
(B) より大きな知識
(C) 改良された診療所
(D) 人員の増員

99

3. 6 行目の単語 "traits" に最も意味が近いのは
(A) 傾向
(B) 場所
(C) 大きさ
(D) 決定

1 問目は、afflicted（罹患している、苦しんでいる）と (C) impaired（障害のある）という語彙を知っていれば、容易に解くことができます。けれども、もし afflicted の意味を知らなければ、ダッシュの後にある説明、mentally troubled（精神的に障害のある）がヒントになります。

2 問目では、greater capitalization が指し示す情報が何かを問われています。選択肢から同義語を選ぶのではなく文の読解が必要です。この文に、such as using gene information to gain clues to actual human behavior があることに注目してください。such as ... は「・・・のような」という意味なので、この後に greater capitalization の詳しい説明があるというヒントになります。「遺伝子情報を使って実際の人間行動に関する手がかりを得る」という説明があるので、greater capitalization は (B) の「より大きな知識」を意味しているということがわかります。

3 問目は、尋ねられている名詞 traits の前に or があるので、or の前に traits の言い換え、つまり fundamental behaviors があります。fundamental behaviors とは「基本的な行動様式」という意味なので、これに近い意味をもつ (A) tendencies（傾向）が正解です。

Section 3 には、特定の学術分野の専門用語がたくさん出てきますが、すべてを理解、暗記することが求められているわけではありません。このような語彙については、文中にヒントがあることがほとんどなので、うまく利用して正解を見つけましょう。

解法 48 文脈から語彙の意味を見つける

文脈にも語彙の理解につながる重要なヒントがたくさん隠されています。問われている語彙の意味がわからない場合でも、まずは文中のヒントを探し、それがない場合は文脈のヒントを探しましょう。

文脈のヒントは、問われている語彙の前後の文を注意深く読み、その意味をきちんと理解することによって得られます。

例題

The United States Supreme Court only agrees to hear a small percentage of cases each year, specifically those which may involve questions of constitutionality. Only those which have this bearing may be accepted.

This does not always result in a substantive new interpretation of elements of the Constitution. Existing interpretations may be confirmed or expanded, or any modifications may be only marginal. The Dredd Scott case, for example, merely reaffirmed existing interpretations of slave status by removing an ambiguity among varying states' laws.

（以下略）

In line 3, the word "bearing" means
(A) a type of punishment
(B) analytic perspective
(C) the revision of the Constitution
(D) slave liberation

訳

アメリカ合衆国最高裁判所は、提起された訴訟のうちのごくわずかしか審理することに同意しない。具体的にいえば、合憲性が問われるような訴訟のみ、ということである。これに関連する訴訟のみが受理される。

このことが必ずしも、憲法の条文に関して実質的に新たな解釈をもたらすわけではない。現行の解釈が確認されたり、拡大されたりすることはあるが、変更される場合でもほんのわずかであろう。たとえば、ドレッド・スコット事件は、州ごとに異なる法律の曖昧性を取り除くことによって、奴隷の地位に関する現行の解釈を再確認したにすぎなかった。

3 行目の単語 "bearing" が意味するのは
(A) ある種の刑罰
(B) 分析的な観点
(C) 憲法の改正
(D) 奴隷解放

　この問題は this bearing が指し示すものが何かを尋ねています。わかりやすい文中のヒントがないので、文脈を読み解いて答えなければなりません。

　文脈のヒントは問われている単語の前後にある可能性が高いので、まず 1 つ前の文を注意して読みます。ここでは最高裁判所が審理するのは「合憲性が問われるような訴訟」(those which may involve questions of constitutionality) と説明されています。this bearing はつまり「合憲性への関連」という意味になり、これを指し示す選択肢を選びます。合憲性に関連する訴訟とは、「分析的な観点」をともなう訴訟と考えられるので (B) が正解です。

　Section 3 では知らない語彙が出てきてもすぐにあきらめずに、なんとか意味を推測できる方法を常に考えるようにしましょう。

102

模擬テスト

TOEFL ITP の模擬テストに挑戦しましょう。

Section 1：CD のトラック 15 から、音声に
したがって進めてください。
Section 2：25 分間で回答してください。
Section 3：55 分間で回答してください。

※解答の記入は、P.105 の解答用紙を利用してください。

Answer Sheet

Section 1

1 Ⓐ Ⓑ Ⓒ Ⓓ	11 Ⓐ Ⓑ Ⓒ Ⓓ	21 Ⓐ Ⓑ Ⓒ Ⓓ	31 Ⓐ Ⓑ Ⓒ Ⓓ	41 Ⓐ Ⓑ Ⓒ Ⓓ
2 Ⓐ Ⓑ Ⓒ Ⓓ	12 Ⓐ Ⓑ Ⓒ Ⓓ	22 Ⓐ Ⓑ Ⓒ Ⓓ	32 Ⓐ Ⓑ Ⓒ Ⓓ	42 Ⓐ Ⓑ Ⓒ Ⓓ
3 Ⓐ Ⓑ Ⓒ Ⓓ	13 Ⓐ Ⓑ Ⓒ Ⓓ	23 Ⓐ Ⓑ Ⓒ Ⓓ	33 Ⓐ Ⓑ Ⓒ Ⓓ	43 Ⓐ Ⓑ Ⓒ Ⓓ
4 Ⓐ Ⓑ Ⓒ Ⓓ	14 Ⓐ Ⓑ Ⓒ Ⓓ	24 Ⓐ Ⓑ Ⓒ Ⓓ	34 Ⓐ Ⓑ Ⓒ Ⓓ	44 Ⓐ Ⓑ Ⓒ Ⓓ
5 Ⓐ Ⓑ Ⓒ Ⓓ	15 Ⓐ Ⓑ Ⓒ Ⓓ	25 Ⓐ Ⓑ Ⓒ Ⓓ	35 Ⓐ Ⓑ Ⓒ Ⓓ	45 Ⓐ Ⓑ Ⓒ Ⓓ
6 Ⓐ Ⓑ Ⓒ Ⓓ	16 Ⓐ Ⓑ Ⓒ Ⓓ	26 Ⓐ Ⓑ Ⓒ Ⓓ	36 Ⓐ Ⓑ Ⓒ Ⓓ	46 Ⓐ Ⓑ Ⓒ Ⓓ
7 Ⓐ Ⓑ Ⓒ Ⓓ	17 Ⓐ Ⓑ Ⓒ Ⓓ	27 Ⓐ Ⓑ Ⓒ Ⓓ	37 Ⓐ Ⓑ Ⓒ Ⓓ	47 Ⓐ Ⓑ Ⓒ Ⓓ
8 Ⓐ Ⓑ Ⓒ Ⓓ	18 Ⓐ Ⓑ Ⓒ Ⓓ	28 Ⓐ Ⓑ Ⓒ Ⓓ	38 Ⓐ Ⓑ Ⓒ Ⓓ	48 Ⓐ Ⓑ Ⓒ Ⓓ
9 Ⓐ Ⓑ Ⓒ Ⓓ	19 Ⓐ Ⓑ Ⓒ Ⓓ	29 Ⓐ Ⓑ Ⓒ Ⓓ	39 Ⓐ Ⓑ Ⓒ Ⓓ	49 Ⓐ Ⓑ Ⓒ Ⓓ
10 Ⓐ Ⓑ Ⓒ Ⓓ	20 Ⓐ Ⓑ Ⓒ Ⓓ	30 Ⓐ Ⓑ Ⓒ Ⓓ	40 Ⓐ Ⓑ Ⓒ Ⓓ	50 Ⓐ Ⓑ Ⓒ Ⓓ

Section 2

1 Ⓐ Ⓑ Ⓒ Ⓓ	11 Ⓐ Ⓑ Ⓒ Ⓓ	21 Ⓐ Ⓑ Ⓒ Ⓓ	31 Ⓐ Ⓑ Ⓒ Ⓓ
2 Ⓐ Ⓑ Ⓒ Ⓓ	12 Ⓐ Ⓑ Ⓒ Ⓓ	22 Ⓐ Ⓑ Ⓒ Ⓓ	32 Ⓐ Ⓑ Ⓒ Ⓓ
3 Ⓐ Ⓑ Ⓒ Ⓓ	13 Ⓐ Ⓑ Ⓒ Ⓓ	23 Ⓐ Ⓑ Ⓒ Ⓓ	33 Ⓐ Ⓑ Ⓒ Ⓓ
4 Ⓐ Ⓑ Ⓒ Ⓓ	14 Ⓐ Ⓑ Ⓒ Ⓓ	24 Ⓐ Ⓑ Ⓒ Ⓓ	34 Ⓐ Ⓑ Ⓒ Ⓓ
5 Ⓐ Ⓑ Ⓒ Ⓓ	15 Ⓐ Ⓑ Ⓒ Ⓓ	25 Ⓐ Ⓑ Ⓒ Ⓓ	35 Ⓐ Ⓑ Ⓒ Ⓓ
6 Ⓐ Ⓑ Ⓒ Ⓓ	16 Ⓐ Ⓑ Ⓒ Ⓓ	26 Ⓐ Ⓑ Ⓒ Ⓓ	36 Ⓐ Ⓑ Ⓒ Ⓓ
7 Ⓐ Ⓑ Ⓒ Ⓓ	17 Ⓐ Ⓑ Ⓒ Ⓓ	27 Ⓐ Ⓑ Ⓒ Ⓓ	37 Ⓐ Ⓑ Ⓒ Ⓓ
8 Ⓐ Ⓑ Ⓒ Ⓓ	18 Ⓐ Ⓑ Ⓒ Ⓓ	28 Ⓐ Ⓑ Ⓒ Ⓓ	38 Ⓐ Ⓑ Ⓒ Ⓓ
9 Ⓐ Ⓑ Ⓒ Ⓓ	19 Ⓐ Ⓑ Ⓒ Ⓓ	29 Ⓐ Ⓑ Ⓒ Ⓓ	39 Ⓐ Ⓑ Ⓒ Ⓓ
10 Ⓐ Ⓑ Ⓒ Ⓓ	20 Ⓐ Ⓑ Ⓒ Ⓓ	30 Ⓐ Ⓑ Ⓒ Ⓓ	40 Ⓐ Ⓑ Ⓒ Ⓓ

Section 3

1 Ⓐ Ⓑ Ⓒ Ⓓ	11 Ⓐ Ⓑ Ⓒ Ⓓ	21 Ⓐ Ⓑ Ⓒ Ⓓ	31 Ⓐ Ⓑ Ⓒ Ⓓ	41 Ⓐ Ⓑ Ⓒ Ⓓ
2 Ⓐ Ⓑ Ⓒ Ⓓ	12 Ⓐ Ⓑ Ⓒ Ⓓ	22 Ⓐ Ⓑ Ⓒ Ⓓ	32 Ⓐ Ⓑ Ⓒ Ⓓ	42 Ⓐ Ⓑ Ⓒ Ⓓ
3 Ⓐ Ⓑ Ⓒ Ⓓ	13 Ⓐ Ⓑ Ⓒ Ⓓ	23 Ⓐ Ⓑ Ⓒ Ⓓ	33 Ⓐ Ⓑ Ⓒ Ⓓ	43 Ⓐ Ⓑ Ⓒ Ⓓ
4 Ⓐ Ⓑ Ⓒ Ⓓ	14 Ⓐ Ⓑ Ⓒ Ⓓ	24 Ⓐ Ⓑ Ⓒ Ⓓ	34 Ⓐ Ⓑ Ⓒ Ⓓ	44 Ⓐ Ⓑ Ⓒ Ⓓ
5 Ⓐ Ⓑ Ⓒ Ⓓ	15 Ⓐ Ⓑ Ⓒ Ⓓ	25 Ⓐ Ⓑ Ⓒ Ⓓ	35 Ⓐ Ⓑ Ⓒ Ⓓ	45 Ⓐ Ⓑ Ⓒ Ⓓ
6 Ⓐ Ⓑ Ⓒ Ⓓ	16 Ⓐ Ⓑ Ⓒ Ⓓ	26 Ⓐ Ⓑ Ⓒ Ⓓ	36 Ⓐ Ⓑ Ⓒ Ⓓ	46 Ⓐ Ⓑ Ⓒ Ⓓ
7 Ⓐ Ⓑ Ⓒ Ⓓ	17 Ⓐ Ⓑ Ⓒ Ⓓ	27 Ⓐ Ⓑ Ⓒ Ⓓ	37 Ⓐ Ⓑ Ⓒ Ⓓ	47 Ⓐ Ⓑ Ⓒ Ⓓ
8 Ⓐ Ⓑ Ⓒ Ⓓ	18 Ⓐ Ⓑ Ⓒ Ⓓ	28 Ⓐ Ⓑ Ⓒ Ⓓ	38 Ⓐ Ⓑ Ⓒ Ⓓ	48 Ⓐ Ⓑ Ⓒ Ⓓ
9 Ⓐ Ⓑ Ⓒ Ⓓ	19 Ⓐ Ⓑ Ⓒ Ⓓ	29 Ⓐ Ⓑ Ⓒ Ⓓ	39 Ⓐ Ⓑ Ⓒ Ⓓ	49 Ⓐ Ⓑ Ⓒ Ⓓ
10 Ⓐ Ⓑ Ⓒ Ⓓ	20 Ⓐ Ⓑ Ⓒ Ⓓ	30 Ⓐ Ⓑ Ⓒ Ⓓ	40 Ⓐ Ⓑ Ⓒ Ⓓ	50 Ⓐ Ⓑ Ⓒ Ⓓ

ディレクションについて

　試験の前に、あらかじめ各セクションのディレクション（指示文）の内容を把握しておきましょう。

⚫ 本試験では、Section 1 のディレクションが流れる時間を利用して、リラックスしたり、集中力を高めたりしておきましょう。ディレクションの音声でリスニングの耳慣らしをしておいてもいいかもしれません。

⚫ 本試験では、時間を有効に使うために Section 2 と Section 3 のディレクションは読む必要はありません。開始後、すぐに問題にとりかかりましょう。

Section 1 冒頭のディレクション

In this section of the test, you will have an opportunity to demonstrate your ability to understand conversations and talks in English. There are three parts to this section with special directions for each part. Answer all the questions on the basis of what is stated or implied by the speakers in this test. Do not take notes or write in your test book at any time. Do not turn the pages until you are told to do so.

内容

このセクションでは、英語による会話とトークを理解する能力を測定します。3 つのパートがあり、各パートにそれぞれの指示があります。話し手が述べたり示唆したりする内容に基づいて、すべての質問に回答しなさい。メモをとったりテスト用紙に書き込んだりすることは常に禁止されています。指示があるまでページをめくらないでください。

Part A のディレクション

Directions: In Part A, you will hear short conversations between two people. After each conversation, you will hear a question about the conversation. The conversations and questions will not be repeated. After you hear a question, read the four possible answers in your test book and choose the best answer. Then, on your answer sheet, find the number of the question and fill in the space that corresponds to the letter of the answer you have chosen.

107

内容

パートＡでは、２人の人物による短い会話を聞きます。会話の後に、それに関する質問が放送されます。会話と質問は１度しか放送されません。質問を聞いた後、テスト用紙の４つの選択肢を読み最も適切なものを選びなさい。そして解答用紙の該当する番号を参照し、選択した答えにマークしなさい。

※本試験では、この後に例題と解答例が示されます。

Part B のディレクション

Directions: In this part of the test, you will hear longer conversations. After each conversation, you will hear several questions. The conversations and questions will not be repeated.

After you hear a question, read the four possible answers in your test book and choose the best answer. Then, on your answer sheet, find the number of the question and fill in the space that corresponds to the letter of the answer you have chosen.

Remember, you are not allowed to take notes or write in your test book.

内容

このパートでは、長めの会話を聞きます。会話の後に、いくつか質問が放送されます。会話と質問は１度しか放送されません。質問を聞いた後、テスト用紙の４つの選択肢を読み最も適切なものを選びなさい。そして解答用紙の該当する番号を参照し、選択した答えにマークしなさい。

メモをとったりテスト用紙に書き込んだりすることは禁止されています。

Part C のディレクション

Directions: In this part of the test, you will hear several short talks. After each talk, you will hear some questions. The talks and the questions will not be repeated.

After you hear a question, read the four possible answers in your test book and choose the best answer. Then, on your answer sheet, find the number of the question and fill in the space that corresponds to the letter of the answer you have chosen.

Remember, you are not allowed to take notes or write in your test book.

内容

このパートでは、いくつかショート・トークを聞きます。トークの後に、いくつか質問が放送されます。トークと質問は１度しか放送されません。質問を聞いた後、テスト用紙の４つの選択肢を読み最も適切なものを選びなさい。そして解答用紙の該当する番号を参照し、選択した答えにマークしなさい。
メモをとったりテスト用紙に書き込んだりすることは禁止されています。

※本試験では、この後に例題と解答例が示されます。

Section 2 冒頭のディレクション

This section is designed to measure your ability to recognize language that is appropriate for standard written English. There are two types of questions in this section, with special directions for each type.

内容

このセクションでは、標準的な英語文を理解する能力を測定します。このセクションには２種類の質問があり、それぞれの指示があります。

Structure のディレクション

Directions: The following questions are incomplete sentences. Beneath each sentence you will see four words or phrases, marked (A), (B), (C), and (D). Choose the one word or phrase that best completes the sentence. Then, on your answer sheet, find the number of the question and fill in the space that corresponds to the letter of the answer you have chosen.

内容

次の問題は不完全な文になっています。各文の下には４つの語句やフレーズがあり、(A), (B), (C), (D) とマークされています。文を完成するために最も適切なものを選びなさい。そして解答用紙の該当する番号を参照し、選択した答えにマークしなさい。

※本試験では、この後に例題と解答例が示されます。

109

Written Expression のディレクション

Directions: In the following questions each sentence has four underlined words or phrases. The four underlined parts of the sentence are marked (A), (B), (C), and (D). Identify the one underlined word or phrase that must be changed in order for the sentence to be correct. Then, on your answer sheet, find the number of the question and fill in the space that corresponds to the letter of the answer you have chosen.

内容

次の問題では各文に下線がひかれた 4 つの語句やフレーズがあります。4 つの下線部には (A), (B), (C), (D) とマークされています。正しい文にするために変更されなければならない語句やフレーズを見つけなさい。そして解答用紙の該当する番号を参照し、選択した答えにマークしなさい。

※本試験では、この後に例題と解答例が示されます。

Section 3 のディレクション

Directions: In this section you will read several passages. Each one is followed by several questions about it. For the following questions, you are to choose the one best answer, (A), (B), (C), or (D), to each question and fill in the space that corresponds to the letter of the answer you have chosen.
Answer all questions following a passage on the basis of what is stated or implied in that passage.

内容

このセクションではいくつかのパッセージを読みます。各パッセージにはいくつかの質問が付属しています。質問に最も適切な答えを (A), (B), (C), (D) から選び、マークしなさい。パッセージで言及・示唆されている内容に基づいて、すべての質問に回答しなさい。

※本試験では、この後に例題と解答例が示されます。

☞ 模擬テストへ

110

Section 1: Listening Comprehension

In this section of the test, you will have an opportunity to demonstrate your ability to understand conversations and talks in English. There are three parts to this section with special directions for each part. Answer all the questions on the basis of what is stated or implied by the speakers in this test. Do not take notes or write in your test book at any time. Do not turn the pages until you are told to do so.

Part A

Directions: In Part A, you will hear short conversations between two people. After each conversation, you will hear a question about the conversation. The conversations and questions will not be repeated. After you hear a question, read the four possible answers in your test book and choose the best answer. Then, on your answer sheet, find the number of the question and fill in the space that corresponds to the letter of the answer you have chosen.

Here is an example.

On the recording, you will here:

In your test book, you will read:
(A) The man needs to spend more than an hour at the fair.
(B) The career fair won't be held beyond the late afternoon.
(C) The man should attend for at least a short while.
(D) The early morning is the best time to participate.

Sample Answer
(A) (B) ● (D)

You learn from the conversation that the woman thinks the man can find time to attend the fair and should do so. The best answer to the question, "What does the woman mean?" is (C), "The man should attend for at least a short while." Therefore, the correct choice is (C).

111

CD 16 ▶▶ **CD 20**

1.

(A) The topic has changed from Biology.

(B) She has to include additional information.

(C) The preparation phase has ended.

(D) Some data were completely unnecessary.

2.

(A) He does not have to make a decision.

(B) A dormitory has just been constructed.

(C) He moved to another location.

(D) All students must live off-campus.

3.

(A) The movie was not good.

(B) He missed seeing the film.

(C) The theater was uncomfortable.

(D) He wasn't with Mary.

4.

(A) She has formed a new study group.

(B) She will attend the upcoming gathering.

(C) Next week she'll be too busy to study.

(D) Everyone is counting on her.

5.

(A) Pick up his Express package.

(B) Mail in his receipt.

(C) Use a postal service.

(D) Pay an additional fee.

6.

(A) The announcer was correct.

(B) She agrees with the man.

(C) A new prediction is coming.

(D) Traffic was expected to be light.

7.

(A) Their town lacks a river.

(B) They help clean up pollution.

(C) They reside in the same area.

(D) The river is getting much clearer.

8.

(A) She will be available later on today.

(B) She disagrees with the theories.

(C) She reviewed the man's research.

(D) Her new office is on a different floor.

9.

(A) She was expecting to be contacted.

(B) She is looking for an application.

(C) The university is far away.

(D) The letter has not been mailed.

10.

(A) Waiting just a little longer.

(B) Taking an express bus.

(C) Calling the office.

(D) Using different transportation.

CD 26 ▶▶ CD 30

11.

(A) The class will be relatively easy.

(B) Registration is already open.

(C) The course is only offered in autumn.

(D) Calculus is required to graduate.

12.

(A) They are too full of people.

(B) She has found new friends.

(C) They are very worthwhile.

(D) She has scheduled her last one.

13.

(A) It opens at 9:30.

(B) It has many neckties.

(C) A different selection is preferable.

(D) Business hours are nearly over.

14.

(A) He needs to use the machine.

(B) He is too busy to help.

(C) The appliance did not work well for him.

(D) He has bought a much better photocopier.

15.

(A) Get the woman's signature.

(B) Move his desk.

(C) Go to a different place.

(D) Sweep up the hallway.

CD 31 ►► **CD 35**

16.

(A) The homework should be done quicker.

(B) More time should be requested.

(C) The professor may hand out more items.

(D) He should apologize for his lateness.

17.

(A) It will be held in the student center.

(B) He will enter his best paintings.

(C) Winning would be difficult.

(D) He knows some of the entrants.

18.

(A) He doesn't like to carry cash.

(B) He works in a pharmacy.

(C) He forgot to bring his credit card.

(D) He didn't come with paper money.

19.

(A) Internships have been canceled.

(B) The openings are no longer available.

(C) Applications are in a different department.

(D) The man has to fill out a few more forms.

20.

(A) The meals are usually not tasty.

(B) It rarely serves fish.

(C) She does not go there often.

(D) She prefers dishes at another school.

CD 36 ▶ ▶ **CD 40**

21.

(A) The essay has to be written by tomorrow.

(B) She does not know much about Roman History.

(C) She did not understand the man's question.

(D) The required length is shorter.

22.

(A) Jackson will come in time.

(B) The field trip will likely be disappointing.

(C) The group is commonly late.

(D) The event date may be changed.

23.

(A) The game could be much better.

(B) The weather is quite exceptional.

(C) He forgot to schedule a tennis game.

(D) He lost the day's match.

24.

(A) The man received incorrect information.

(B) She has a more updated list.

(C) Certain areas do not interest her.

(D) She wants to avoid leaving the hotel.

25.

(A) It stays open late on the weekends.

(B) It is unavoidable for her to study in that location.

(C) The man should catch up on his classes there.

(D) She got a high score on her last exam.

26.

(A) He prioritizes academics.

(B) He helps her a lot with courses.

(C) He needs to find an academic focus.

(D) He is changing his study schedule.

27.

(A) Purchase running shoes.

(B) Stop an activity for a while.

(C) Drive one last mile.

(D) Think up some new ideas.

28.

(A) He earned a good score.

(B) Exams may be delayed for a while.

(C) He is confident to deal with a task.

(D) There is more to life than school.

29.

(A) She comes to many parties.

(B) She needs more medicine.

(C) She is hosting an event.

(D) She was ill earlier.

30.

(A) They need permission to enter.

(B) It is actually down the hallway.

(C) They are supposed to wait for the professor.

(D) They have been assigned to it.

Part B

CD 46

Directions: In this part of the test, you will hear longer conversations. After each conversation, you will hear several questions. The conversations and questions will not be repeated.

After you hear a question, read the four possible answers in your test book and choose the best answer. Then, on your answer sheet, find the number of the question and fill in the space that corresponds to the letter of the answer you have chosen.

Remember, you are not allowed to take notes or write in your test book.

CD 47 ► ► **CD 51**

Questions 31-34

31.

(A) He has been playing a long time.

(B) He has not eaten all day.

(C) He is not in good shape.

(D) He has been physically training others.

32.

(A) Applying for college.

(B) Finishing high school.

(C) Dealing with coursework.

(D) Meeting with doctors.

33.

(A) The man has not studied enough.

(B) The school gym will not be renovated.

(C) Fast food is becoming even unhealthier.

(D) The man has changed his lifestyle.

34.

(A) By spending at least one hour daily in the library.

(B) By altering some normal routines.

(C) By getting some medical treatments.

(D) By staying alert to special class tips.

CD 52 ►► **CD 56**

Questions 35-38

35.

(A) Taking summer courses in Boston.

(B) Helping international students.

(C) Working for the United Nations.

(D) Participating in a language program.

36.

(A) For one year.

(B) For two years.

(C) For three years.

(D) For four years.

37.

(A) Teaching English to others.

(B) Assisting Russian students.

(C) Travelling by herself.

(D) Eating local dishes.

38.

(A) In an international company.

(B) In a university.

(C) In a global organization.

(D) In the U.S. government.

| Part C | CD 57 |

Directions: In this part of the test, you will hear several short talks. After each talk, you will hear some questions. The talks and the questions will not be repeated.

After you hear a question, read the four possible answers in your test book and choose the best answer. Then, on your answer sheet, find the number of the question and fill in the space that corresponds to the letter of the answer you have chosen.

Here is an example.

On the recording you will here:

Listen to a sample question.

In your test book, you will read:
(A) It may explain more than conventional assumptions.
(B) It fails to account for a great deal of human irrationality.
(C) It mainly acts on rumors and panics.
(D) It emerges primarily when people form groups.

Sample Answer

● Ⓑ Ⓒ Ⓓ

The best answer to the question, "What does the speaker indicate about human instinct?" is (A), "It may explain more than conventional assumptions." Therefore, the correct choice is (A).

Remember, you are not allowed to take notes or write in your test book.

模擬テスト Section

1

121

CD 58 ▶▶ **CD 62**

Questions 39-42

39.

(A) Various energy sources.

(B) Safety and risk issues.

(C) Features of a power source.

(D) Environmental activism.

40.

(A) The percentage of wind power in one nation.

(B) The ease of setting up wind turbines.

(C) America's increasing reliance on wind energy.

(D) Resolution of most wind power problems.

41.

(A) They are becoming cleaner in output.

(B) They can be built closer to cities.

(C) They can create more power.

(D) They kill fewer birds or bats.

42.

(A) Groundless complaints are being made.

(B) Output will rapidly replace other sources.

(C) Scale depends on scientific advances.

(D) Wind power is probably useless.

CD 63 ▶▶ **CD 67**

Questions 43-46

43.

(A) Supervolcano formation.

(B) Results of a natural event.

(C) Probabilities of new Ice Ages.

(D) Protections against disasters.

44.

(A) Volcano size.

(B) Eruption frequency.

(C) Environmental vulnerability of species.

(D) Magnitude of materials forced out.

45.

(A) Genetic variation narrowed too much.

(B) A massive volcano explosion heated up the atmosphere.

(C) Climate conditions became very harsh.

(D) Starving animal species attacked surviving humans.

46.

(A) Human biological composition predates the explosion.

(B) The explosion has been proven false by new research.

(C) Evidence from one million years ago is unclear on many points.

(D) The planet's patterns of life are still not understood by scientists.

CD 68 ▶▶ **CD 72**

Questions 47-50

47.

(A) Controversies of a public figure.

(B) Effective boxing strategies.

(C) Roots of racism in America.

(D) Corruption in American sports.

48.

(A) A "Great White Hope" finally won back the title.

(B) Authors criticized African-American riots that broke out afterwards.

(C) Interracial championship fights were banned.

(D) Violence emerged on nationwide scale.

49.

(A) He refused to smile at the media.

(B) He taunted white spectators.

(C) He socialized outside his race.

(D) He challenged American laws.

50.

(A) Ongoing problems in modern boxing.

(B) Comparison of different eras.

(C) Immorality among athletes.

(D) The economics of sports.

Section 2: Structure and Written Expression

This section is designed to measure your ability to recognize language that is appropriate for standard written English. There are two types of questions in this section, with special directions for each type.

Structure

Directions: The following questions are incomplete sentences. Beneath each sentence you will see four words or phrases, marked (A), (B), (C), and (D). Choose the one word or phrase that best completes the sentence. Then, on your answer sheet, find the number of the question and fill in the space that corresponds to the letter of the answer you have chosen.

Example:
The Venetian Republic maintained its prosperity through ------- major nations of the Mediterranean in relatively open trade and finance.
(A) top
(B) engaging
(C) centuries of
(D) contact

Sample Answer
Ⓐ ● Ⓒ Ⓓ

The sentence should read, "The Venetian Republic maintained its prosperity through engaging major nations of the Mediterranean in relatively open trade and finance." Therefore, you should choose (B).

Now begin work on the questions.

125

1. ------- of rising energy costs, large cars remain popular with a significant portion of the population.

(A) Regardless

(B) Since the fact

(C) Mainly

(D) In order to

2. Deson and Klein, -------, sold so much furniture that it had to take on an additional supplier.

(A) of more popular department stores in the city

(B) one by the most popular department store in the city

(C) more popular department stores in the city

(D) one of the most popular department stores in the city

3. During the 1920s economic boom, even ------- Americans became interested in purchasing stocks on margin.

(A) the most caution

(B) a cautioning

(C) caution

(D) more cautious

4. The mane of hair around a male lion's neck, causing its body temperature to rise, -------.

(A) which may have no purpose but to attract mates

(B) that may be attractive to mates but have no other purpose

(C) may have no purpose other than mate attraction

(D) attractive to mates but having no other purpose

5. Scientists have established that the universe, ------- since its inception, will ultimately find a limit.

(A) will expand

(B) which has been expanding

(C) the expansion of

(D) expand

6. Mark Twain often sharply ------- various aspects of 19th Century American life, particularly war, slavery and religious extremism.

(A) was commented

(B) commented on

(C) comment

(D) been commenting

7. Both Adam Smith and Karl Marx acknowledged the productivity of capitalism although ------- differed on its sustainability.

(A) their respective views

(B) respective their views

(C) respectively views theirs

(D) view theirs respectively

8. ------- liquids boil at lower temperatures on higher-altitude mountains is a result of lower air pressures.

(A) Which

(B) Because

(C) That

(D) Since

9. The Incas, ------- in modern-day Peru, maintained careful grain reserves as a protection against droughts, storms or other such difficulties.

(A) what is civilly

(B) what is a civilization

(C) they will civilize

(D) who were a civilization

10. On the muddy marshland of northeastern Russia ------- the engineering marvel of St. Petersburg, a city that many critics of the time claimed was impossible to build.

(A) construction of

(B) quite constructively

(C) was constructed

(D) construct that

11. The Bauhaus Art Movement reflected both the confusion and ------- tradition that characterized the Weimar Republic.

(A) rejection of

(B) reject

(C) rejected by

(D) rejects

12. When ------- approaches the speed of light, time "slows down" in relation to other objects.

(A) it is an object

(B) many objects

(C) any object

(D) there is an object

13. The eyes of nocturnal predators such as owls intensify ambient light,
------- similar to an infrared vision device.

  (A) if the resulting effect is (this one is hard but good)

  (B) and the resulting effect is

  (C) yet the resulting affect is

  (D) because the resulting effect is

14. Rarely -------, accepting only those which could have relevance to the
Constitution.

  (A) the United States Supreme Court hears cases

  (B) the United States Supreme Court does not hear cases

  (C) do the United States Supreme Court hears cases

  (D) does the United States Supreme Court hear cases

15. One of the most popular musicals worldwide, *Oklahoma*, may not have
won many awards -------.

  (A) its memorable songs had not been composed by Rogers and
Hammerstein

  (B) had been composing its memorable songs by Rogers and
Hammerstein

  (C) had Rogers and Hammerstein not composed its memorable songs

  (D) if Rogers and Hammerstein did not compose its memorable songs

模擬テスト Section

2

129

Written Expression

Directions: In the following questions each sentence has four underlined words or phrases. The four underlined parts of the sentence are marked (A), (B), (C), and (D). Identify the one underlined word or phrase that must be changed in order for the sentence to be correct. Then, on your answer sheet, find the number of the question and fill in the space that corresponds to the letter of the answer you have chosen.

Example:

Course registration will be <u>openly</u> until September 15, <u>with</u> information

                                      A   B

about it <u>available</u> in <u>the registrar's office</u>.

           C   D

Sample Answer

● Ⓑ Ⓒ Ⓓ

The sentence should read, "Course registration will be open until September 15, with information about it available in the registrar's office." Therefore, you should choose (A).

Now begin work on the questions.

16. Some American state primary elections are open to all voters, while
      A   B   C

others are open only to registers party members.
                           D

17. Otters are one of the few animals which have being observed using
                  A   B

tools, such as breaking open shells with rocks.
                C   D

18. Height is effectively as an indicator of mountain age since erosion
    A   B   C

reduces mountain size over great spans of geological time.
                                D

19. Federal regulators have required long various ingredient labels on foods
          A   B   C

while usually stopping short of outright restrictions.
          D

20. Born on Amherst, Massachusetts, Emily Dickinson made a marked
      A   B

impact on the development of American poetry.
        C   D

21. As evidenced by the power of the sun, the fusion of atoms creates
      A   B

energy on a much largest scale than the fission.
                  C   D

22. Humpback whale calves have weak lungs, so they must surface regular
                         A   B

every few minutes or so.
  C   D

23. Economics is considered the "queen of the social sciences" because it
    A   B

employs objective, statistical methods of researcher.
    C   D

24. During the Vietnam War, American troop levels built up marginal each
   A   B

year until they eventually numbered over 500,000.
  C   D

25. Alan Turing provided the theoretical basis for the modern computer as
                                  A

he conceiving of a device that could manipulate symbols automatically.
    B   C   D

26. Shareholders in a publicly-traded corporation do not have direct
         A
rights to profits but may either sell their stock for a capital gains or
  B   C   D
receive any announced dividends.

27. Mozart was an unique composer who insisted on writing some of the
                   A   B   C
first pieces of classical music in German.
     D

28. Both elephants and tortoises may live to be well over 100 years old by
       A   B
conserving energy through its slow metabolic processes.
                       C D

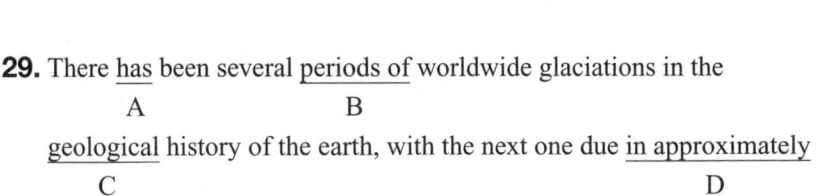

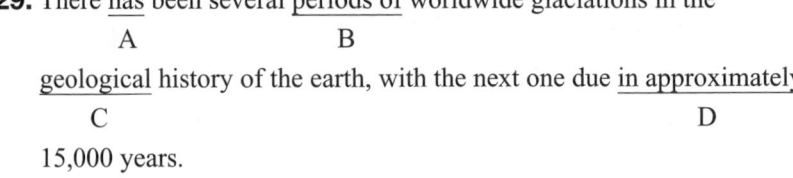

29. There has been several periods of worldwide glaciations in the
           A   B
geological history of the earth, with the next one due in approximately
   C   D
15,000 years.

30. European feudalism involved complex relationships of responsibility

between lords either serfs which were to be fixed indefinitely.
          A   B   C   D

31. America <u>has been plagued</u> not only with a high crime rate <u>yet</u> high
A   B

recidivism, with many criminals <u>released from</u> prison <u>tending to</u> reoffend.
C   D

32. Anna May Wong became <u>the first</u> Asian American acting star, <u>appeared</u>
A   B

in feature <u>films such as</u> *The Thief of Baghdad* <u>and</u> *The Toll of the Sea*.
C   D

33. As Imperial Rome <u>collapse</u>, the roads it had built <u>throughout</u> Britannia
A   B

fell into disrepair and would not be <u>improved</u> for many <u>centuries</u>
C   D

afterward.

34. The <u>mass extinction</u> of the dinosaurs created opportunities <u>for</u> small
A   B

mammals, including those that would <u>ultimately</u> <u>evolved</u> to become
C   D

humans.

35. The <u>emerges</u> of a <u>global</u> service industry in the United States
A   B

<u>dramatically</u> reduced the <u>size</u> of the country's industrial base.
C   D

36. A sea turtle may <u>lie</u> hundreds of <u>eggs</u> in a single beach nest, but
       A   B

predators ensure that <u>only a</u> tiny fraction of these will <u>survive</u>.
       C   D

37. Machiavelli's *The Prince* <u>may be considered</u> a work of blatant and
             A

<u>cynicism</u> realism, but it is still <u>studied</u> in universities around <u>the world</u>.
 B   C   D

38. <u>Persistent</u> microorganisms <u>who</u> invade the human body are treatable
   A   B

through <u>targeted doses</u> of <u>antibiotics</u>.
    C   D

39. <u>Many</u> environmentalists now <u>favorite</u> urban density since city sprawl
   A   B

has <u>proved to create</u> <u>heavier</u> commuter car pollution.
     C   D

40. Quantum mechanics <u>appears to explain</u> cosmic black hole <u>features</u>
         A   B

much <u>best</u> than Newtonian <u>principles</u>.
   C   D

Section 3: Reading Comprehension

Directions: In this section you will read several passages. Each one is followed by several questions about it. For the following questions, you are to choose the one best answer, (A), (B), (C), or (D), to each question and fill in the space that corresponds to the letter of the answer you have chosen.

Answer all questions following a passage on the basis of what is stated or implied in that passage.

Read the following passage:

Prison systems in modern Western societies have been impacted most by two competing theories: rehabilitation or deterrence. Rehabilitation focuses on treating the causes of a prison inmate's crime and ensuring that inmates are returned to society as law-abiding citizens. Therefore, rehabilitation-centered (5) prisons may give inmates usable academic or vocational skills and treat their substance abuse problems. Oppositely, deterrence-centered prison systems may be deliberately harsh. They are designed to deter crime by showing the high penalties for convicted criminals. The harshness would also supposedly convince current inmates to commit no further crimes once released.

Example:

Which of the following generalizations is best supported by the passage?
(A) Global prison systems vary too randomly to easily classify.
(B) Severe prison conditions cause released inmates to return to crime.
(C) Competing theories have impacted treatment of criminals.
(D) Rehabilitation of inmates is more useful than deterrence.

Sample Answer

Ⓐ Ⓑ ● Ⓓ

The passage states that two major policies are used in prison systems, supported by two different ideas: rehabilitation and deterrence. Therefore, the correct choice is (C).

Now begin work on the questions.

136

Questions 1-10

The American organic food sector expanded by 132% between 2002 and 2007. Similarly, a 2010 report by the European Union's executive stated organic food imports are likely to rise. This is due to the fact that many citizens are deliberately including environmental impact factors in their consumption choices.

(5) To meet the growing eco-consciousness among consumers, organic farmers do not prioritize efficiency. Rather, they put local communities, nature and human health first.

Animal welfare is a central to organic methods. This self-proclaimed aim means that growth promoters or other synthetic ingredients are absent from

(10) animal feed. The animals are also provided adequate shelter and pasture and slaughtered as painlessly as possible. Their illnesses are treated not simply through veterinary medicine but proper daily care; the use of antibiotics is discouraged. Organic farming is also focused on minimizing impacts on nature and maintaining biodiversity. It therefore avoids chemical pesticides or fertilizers.

(15) Instead, farmers deploy natural counterparts, such as manure. Organic farmers may also rotate crops or allow land to lie fallow. Genetically Modified (GM) crops are banned from organic methods.

This last point has been controversial. GM foods are cheaper to raise and, having been genetically strengthened, are more robust. They can survive cold,

(20) storms, droughts, or other harsh environmental conditions much better than purer, but weaker, organically-grown foods. This gives GM foods substantially higher crop yields. Supporters also assert GM foods can alleviate the depletion of oil or phosphates and advocate GM foods as a solution to world hunger problems.

However, skeptics of GM foods warn that the harmful effects of GM foods

(25) may not be obvious for decades. Moreover, they have pointed out that GM companies—usually Western agribusinesses—may come to economically dominate developing agrarian countries. Conversely, organic farming utilizes sustainable, indigenous methods and materials. With this controversy, neither organic nor GM foods may ultimately dominate consumer markets. Rather,

(30) global food markets may be headed toward some balance of the two.

1. What is the passage mainly concerned about?

(A) Changes in farming during the prior century

(B) Analysis of the largest food export markets

(C) Features of certain production methods

(D) Elements of food chemical safety standards

2. In paragraph 1, the author makes use of statistics to make which of the following points?

(A) Prior information was not widely publicized.

(B) Figures confirm significant trend lines.

(C) Indicators suggest an excess beyond demand.

(D) Different nations or regions have released conflicting data.

3. To which of the following does the phrase "This self-proclaimed aim" refer to?

(A) The humane treatment of living creatures

(B) The provision of cheaper organic alternatives

(C) The removal of additives from non-organic foods

(D) The need for tougher laws against animal cruelty

4. Which of the following is NOT mentioned as a feature of organic farming?

(A) Identification of endangered animal breeds

(B) Avoidance of artificial stimulants

(C) Provision of ample space for livestock

(D) Merciful farm animal killing methods

5. The word "synthetic" in line 9 is closest in meaning to

(A) indestructible

(B) incomprehensible

(C) toxic

(D) manufactured

138

6. Which of the following best characterizes the organization of paragraph 2?
(A) A contrast between competing theories
(B) A detailed case study of an assertion
(C) A list of common practices
(D) A refutation of an argument

7. According to the author, why do GM foods have larger crop yields than their organically grown counterparts?
(A) GM foods are not grown in harsh environments.
(B) Organic foods lack any artificial protections.
(C) Organic farming requires special materials.
(D) GM foods benefit from cheap farm labor in developing countries.

8. It can be inferred from the passage that
(A) not much is truly proven about the benefits of an organic diet
(B) wholly scientific agricultural approaches have been criticized
(C) organic crops are becoming increasingly robust
(D) many organic growers have been purchased by Western agribusinesses

9. The word "sustainable" in line 28 is closest in meaning to
(A) unified
(B) disproportionate
(C) maintainable
(D) complex

10. According to the passage, which of the following is the best description of global food markets?
(A) Major outlets still hesitate to market either GM or organic foods.
(B) The United States and the EU are clashing over food regulations.
(C) Technology is slowly being withdrawn because of consumer complaints.
(D) Emerging preferences may enhance the food sector's diversity.

139

Questions 11-20

Dispatching troops overseas has always been tremendously difficult, ordinarily limited to great-power nations. This is why Polybius cites the advance of Roman legions onto the island of Sicily as the birth of its empire. Likewise, with its first major deployment of overseas forces, the 1898 Spanish-American
(5) War was central to America's rise to global power status.

The actual causes of the Spanish-American War are debatable. American "Yellow Press" tabloid journalism severely criticized Spain's authoritarian rule of Cuba, as did nationalist elites like Theodore (Teddy) Roosevelt. Some Americans felt the island truly required "liberation" from Spain's archaic monarchy. Spain's
(10) military weakness may also have made it an inviting target. Most likely, all these factors led to Washington's ultimate decision to declare war after the mysterious explosion of an American battleship, the *Maine*, in Cuban waters.

As hostilities opened, American troops sailed for Cuba. The United States also made the war "total," attacking Spanish possessions in the Pacific such as
(15) the Spanish-held Philippines. Aided by already well-established native independence fighters, the American troops overwhelmed the Spanish garrison. When Spain sued for peace after four months, it agreed to cede Cuba, Puerto Rico, Guam and the Philippines to the United States, with only Cuba remaining at least nominally independent. While many Americans were jubilant at the
(20) outcome, others—including Mark Twain—were bitterly opposed. American suppression of an 1899 native Filipino revolt lent credence to the war's critics. This began the conflict between American isolationists and interventionists that would thereafter become a fixture of American politics.

The war remains in the current American imagination mainly in the sinking
(25) of the *Maine* and the battle of San Juan Hill. As a practical point, the United States gained islands from where it could project naval power more readily. This concept of a forward projection of force gradually became a core part of American strategies.

140

11. What would be the best title for the passage?

    (A) The influence of media on American foreign policy

    (B) Great power emergence through an important conflict

    (C) Naval strategies of Spanish and American fleet admirals

    (D) Finding resolutions to international disputes

12. In paragraph 1, the author mentions Polybius to make which of the following points?

    (A) Historical claims are often highly debated by international scholars.

    (B) Rome and America used different methods to reach the same goal.

    (C) Only strong states can engage in certain types of military actions.

    (D) Invasions occur because of the warlike tendencies of powerful countries.

13. The word "cites" in line 2 is closest in meaning to

    (A) identifies

    (B) criticizes

    (C) withdraws

    (D) amazes

14. What is NOT stated as an occurrence leading up to the Spanish-American War?

    (A) A travel ban between Cuba and the U.S.

    (B) Destruction of an American warship

    (C) Newspaper condemnation of Spanish policies

    (D) Advocacy of freedom for Cuban citizens

15. The word "it" in line 10 refers to

    (A) Cuba

    (B) liberation

    (C) monarchy

    (D) weakness

16. According to the passage, how could the combat in the Spanish-American War best be categorized?

(A) Fighting mainly took place on the Spanish mainland.

(B) The United States waged war against Spain across broad regions.

(C) Cuban regular troops fought both American and Spanish forces.

(D) Spain launched a "total war" against American forces worldwide.

17. It can be inferred from the passage that prior to the American military arrival, Filipinos were probably

(A) already victorious over the Spanish military

(B) reluctant to aid either Spain or the United States

(C) in contact with Cuban independence fighters

(D) restive under the current authorities

18. The word "credence" in line 21 is closest in meaning to

(A) worry

(B) validity

(C) assortment

(D) intrusion

19. Where in the passage does the author discuss contemporary perception of the Spanish-American War?

(A) lines 19-20

(B) lines 22-23

(C) lines 24-25

(D) lines 26-28

20. What does the paragraph following the passage probably discuss?

(A) The emergence of a more unified peace movement

(B) The root causes of Spain's decline from superpower status

(C) Changing concepts of the war among ordinary Americans

(D) The later growth of American bases around the globe

Questions 21-30

Dolphins live in groups or "pods." The pod is one of the main generators of dolphin intelligence since the creature must use its brain to thrive in its social complexity. A sole leadership dolphin or "Alpha" does not control the pod, as with many other social animals. Instead, sub-groups, factions or "gangs" sometimes

(5) emerge. Some males have even formed large "super-gangs" that dominate other groups without disturbing the stability of the pod as a whole. The pods are not hierarchal then, but rather contain ever-changing internal social movement, cooperation, and battle.

Communication is central to this type of social organization. Dolphins

(10) communicate through "clicks" and "whistles": the signals locate family members, dangers or food sources. Signaling within the pod provides a continuous learning process, particularly for younger dolphins, which observe, mimic, and build upon the actions of older ones.

Animal intelligence in every species does not develop on its own but as a

(15) response to an environment. Frogs have low intelligences compared to dogs, but frogs are quite smart enough to successfully survive in their particular ecosystem. High intelligence in dolphins likewise is an environmentally adaptive measure; dolphins became "smarter" over time to survive and compete against other forms of marine life. In the sea, dolphin intelligence—and pod social complexity—give

(20) the creature a distinct advantage the same way the enormous size of the blue whale or the razor-sharp teeth and tough skin of the predatory great white shark do.

Much of the skepticism surrounding these assertions challenges whether dolphins can process high-level brain functions such as self-awareness, environment comprehension, or reasoning. Skeptics believe most dolphin

(25) intelligence is little more than instinct. They doubt dolphins can ponder their own existence or calculate opportunities or risks. An emerging answer to this is behavioral flexibility theory: the concept that dolphins—similarly to humans—are able to capitalize on their environments. For instance, some dolphins in the wild have been observed using "tools" such as marine sponges as they hunt. Moreover,

(30) dolphins seem able to accurately model their environment, with experiments showing they can approximate the size, position, or movement of objects around them.

21. What is the main topic of the passage?

(A) Comparisons of animal intelligence levels

(B) Factors behind intelligence of a certain animal

(C) The surprising complexity of ocean animal groups

(D) Differences between human and animal intelligences

22. According to the passage, dolphin pod societies are complex because of

(A) their role in attracting new dolphins

(B) their protection against super-gangs

(C) their domination by single Alphas

(D) their balance of harmony and conflict

23. The word "hierarchal" in line 7 is closest in meaning to

(A) sensational

(B) damaged

(C) residual

(D) authoritarian

24. Which of the following is NOT mentioned as a feature of dolphin communication?

(A) Utility in hunts for food

(B) Identification of other pod dolphins

(C) Transmission strength through the water

(D) The provision of analytic feedback

25. The word "distinct" in line 20 is closest in meaning to

(A) intentional

(B) notable

(C) passionate

(D) fluent

26. According to the passage, what is true of animal intelligence?

(A) It results from specific environmental needs.

(B) It is limited by natural competitive pressures.

(C) It increases with ecosystem complexity.

(D) It is unnecessary in smaller creatures such as frogs.

27. Which of the following best characterizes the organization of paragraph 3?

(A) A generalization followed by examples

(B) A clear refutation of an established theory

(C) A list of possible explanations for a phenomenon

(D) An objective analysis of rival claims

28. To which of the following does the phrase "An emerging answer to this" refer to?

(A) The ability to measure true reasoning power

(B) The difficulty of understanding instincts

(C) The lack of evidence of dolphin intelligence skeptics

(D) The actual degree of dolphin intelligence

29. The word "capitalize" in line 28 is closest in meaning to

(A) supply

(B) determine

(C) benefit

(D) convene

30. It can be inferred from the passage that

(A) high-level brain functions differ among dolphins

(B) dolphins may intellectually perceive their surroundings

(C) dolphins are mentally flexible in ways humans are not

(D) dolphins reason using methods humans cannot yet understand

145

Questions 31-40

Perhaps the best-known pandemic is the "Black Death," which spread over mid-14th Century Eurasia. The sickness is estimated to have killed up to 60% of Europeans. Conventional theories hold that the disease contained Septicemic, Pneumonic and Bubonic Plague strains, with that lattermost being the most
(5) common; swollen lymph glands or "buboes" were its visible symptoms. New evidence suggests the Black Death was actually a form of viral hemorrhagic fever. Whatever the final scientific consensus, the pandemic was catastrophic, and most of Europe's doctors were killed attempting to treat it. With so many peasants struck, grain production fell drastically. This in turn drove prices
(10) upward; common citizens were then forced to consume less food. With weaker immune systems, they then became more susceptible to the pandemic.

The Black Death was perhaps the inevitable result of a new global trading and agrarian system. Increasing domestication of animals meant more opportunities for the development of inter-species diseases as these bacteria or
(15) viruses evolved over time, and farm workers were regularly exposed to pigs, birds, cows and, of course, rats. Yersinia pestis, the "Bubonic Plague Bacteria," began as common bacteria in rats. Over time, it evolved into a more virulent form, which rat fleas then transmitted to humans. Likewise, the opening of regular commercial routes among Europe, Africa, and Asia created the
(20) opportunity for diseases to travel. Microorganisms dispersed and adapted to the immune systems of previously disparate human populations.

The most effective pandemic response was usually isolation. Many of the wealthy fled towns for their country estates. Other towns self-quarantined, allowing no one in or out. Some homes also self-quarantined or were forcibly
(25) quarantined by the authorities who "walled up" infected households, leaving them to starve to death.

Only when the pandemic faded did towns and villages begin to reengage fully in trade, agriculture, and commerce. However, it would be over a century and a half before European populations recovered. The inability of either the
(30) church or state to control the pandemic also led to a general skepticism and a subtle weakening of their control.

31. The first paragraph of the passage most fully discusses which of the following topics?
(A) Failures of past health and safety regulations
(B) Features of a broadly contagious illness
(C) Advances in illness research
(D) Disputes over whether the Black Death was a pandemic

32. According to the passage, what attribute is characteristic of Bubonic Plague?
(A) Drying up of some of the lymph glands
(B) Disappearance of lymph glands
(C) Swellings over parts of the body
(D) Outbreaks of viral hemorrhagic fever

33. The word "consensus" in line 7 is closest in meaning to
(A) survey
(B) provision
(C) agreement
(D) publication

34. What conclusion can be drawn from the passage about grain output in 14th Century Europe?
(A) It was substantially marketized.
(B) It was relying far less on common labor.
(C) It was more profitable than the medical sector.
(D) It was large enough to reduce pandemic effects.

35. According to the passage, a drawback of animal domestication was that it
(A) increased overall farm prices to ordinary people
(B) created rats more resistant to elimination by farm workers
(C) spread illnesses across different types of living beings
(D) created heavy oversupply in new international trade routes

模擬テスト Section 3

147

36. The word "virulent" in line 17 is closest in meaning to
   (A) evasive
   (B) detailed
   (C) malign
   (D) refurbished

37. According to the author, what was NOT a response by European towns to the Black Death?
   (A) Developing more powerful medicines
   (B) Abandoning certain localities
   (C) Blocking entrance from outsiders
   (D) Sealing residents in their own homes

38. The word "them" in line 26 refers to
   (A) the wealthy
   (B) estates
   (C) authorities
   (D) households

39. The word "reengage" in line 27 is closest in meaning to
   (A) reform
   (B) deplete
   (C) continue
   (D) determine

40. The paragraph preceding this passage most likely discusses which of the following topics?
   (A) Various examples of pandemics
   (B) Modern advances in disease treatment
   (C) Probabilities of a pandemic occurrence today
   (D) International health polices through history

Questions 41-50

Athens is often considered an open democracy and Sparta a militaristic dictatorship. In reality, Sparta is better described as a state ruled by a warrior elite, with supporting sub-classes. Below the Spartans were a class of freedmen, or perioikoi. Excluded from any political participation, they nevertheless

(5) dominated the trades, artisan crafts, finance, and professions. Below the perioikoi were the helots, essentially "slaves" or "serfs" who carried out manual labor both in the cities and fields. The helots—interestingly and uniquely enough owned by the state, not individual Spartans—had to donate 50% of all their produce. They were also often the regular targets of lethal Spartan raids designed to eliminate

(10) potential rebels. Even so, helots' lives were not ones of continual suffering. They sometimes saved up the remaining halves of their produce to buy their freedom. Other helots earned it through exemplary combat, normally acting as army auxiliaries.

Spartan women also enjoyed freedom that was absent in the rest of classical

(15) Greece. They received extensive academic and athletic training. Spartan husbands valued their wives' counsels, something Aristotle (an Athenian himself) angrily disparaged. Spartan women could also inherit or purchase homes, animals, or land. They also sometimes had liaisons with men apart from their husbands. Although this was usually not out of romantic affections but rather an attempt to

(20) become pregnant if they could not otherwise do so.

Spartan males trained almost continuously from age seven until 60. However, they did not engage in conflict recklessly. Wherever possible, they forged peace treaties and alliances (some of the very first in the Western world). Spartans who achieved great diplomatic feats were commonly given much larger honors than

(25) those who achieved military conquests. Indeed, the climactic Peloponnesian War, which swept the entire Greek Peninsula, was precipitated by "the rise of Athens," as Thucydides wrote, not Sparta. However, Sparta had scant private liberties. Lycurgus, the founder of Sparta, had deliberately circumscribed these. For instance, Spartan entertainment, literature or music was impressive, but it also

(30) almost invariably held a patriotic slant.

41. What is the main topic of the passage?

(A) Conflicts between Sparta and Athens

(B) Organization of an ancient nation

(C) The biography of Lycurgus

(D) Important battles of the classical world

42. According to the passage, the perioikoi were involved in all of the following EXCEPT

(A) government policy

(B) commercial activity

(C) money management

(D) skilled production work

43. The author mentions state ownership of helots for which of the following reasons?

(A) To suggest alternative methods

(B) To refute past theories to the contrary

(C) To lead into supporting arguments

(D) To point out an uncommon practice

44. The word "exemplary" in line 12 is closest in meaning to

(A) preliminary

(B) predictive

(C) outstanding

(D) academic

45. According to the passage, which of the following was NOT a right granted to Spartan women?

(A) Ownership of various assets

(B) Athletic training

(C) Voluntary divorce

(D) Adequate schooling

46. The word "disparaged" in line 17 is closest in meaning to
   (A) delayed
   (B) denounced
   (C) replaced
   (D) armed

47. Why were Spartan diplomats' successes given larger honors?
   (A) There were far fewer diplomats.
   (B) Diplomacy was unusual in Sparta.
   (C) Spartan foreign policy was cautious.
   (D) Treaties were clever preludes to wars.

48. The word "precipitated" in line 26 is closest in meaning to
   (A) understood
   (B) questioned
   (C) fought
   (D) caused

49. The word "these" in line 28 refers to
   (A) patriotism
   (B) liberties
   (C) citizens
   (D) Spartans

50. It can be inferred from the passage that Spartan entertainment forms
   (A) relied largely on state funding
   (B) were nationalistic in tone
   (C) were composed mainly by lower classes
   (D) passed through heavy censorship

●著者紹介

高橋良子 Takahashi Ryoko

大阪出身。中学・高校時代をアメリカで過ごす。慶應義塾大学卒業、テンプル大学大学院教育学研究科修士課程修了、専門は外国語教授法 (TESOL)。早稲田大学、テンプル大学ジャパンキャンパスなどで主に TOEFL コース、ライティングコースを担当している。
著書に、『中学英語で書く　はじめての英語ブログ』(アスク出版)、『Living English for the TOEIC® TEST』(共著、センゲージラーニング／アスク出版)、『即聴即解！ TOEIC® Test 990 奪取』(共著、アスク出版) などがある。

クレイグ・ブラントリー Craig Brantley ［英文問題作成］

ニューヨーク在住。イースタンミシガン大学卒業、マサチューセッツ大学でアジア経済学修士課程修了、シアトル大学で経済学修士課程修了。現在、CPI LLC 代表取締役、㈱ CPI Japan 英文執筆責任者。日本・韓国を含む環太平洋地域に向け英語教材のコンテンツ開発を幅広く行っている。
著書に、『Keys to the SEPT』(Kyobo Books)、『How to Use Email and Messenger』 (Samsung SDS e-campus)、『Introduction to American Business Law and Negotiation Strategies』(Samsung SDS e-campus) などがある。

カバーデザイン	滝デザイン事務所
本文デザイン＋ DTP	朝日メディアインターナショナル株式会社
CD 録音・編集	㈶英語教育協議会 (ELEC)
CD 制作	高速録音株式会社

TOEFL® ITP テスト総合スピードマスター　入門編

平成 23 年（2011 年）3 月 10 日　第 1 刷発行

著　者	高橋良子／クレイグ・ブラントリー
発行人	福田富与
発行所	有限会社　J リサーチ出版
	〒 166-0002　東京都杉並区高円寺北 2-29-14-705
	電話 03(6808)8801(代)　FAX 03(5364)5310
	編集部 03(6808)8806
	http://www.jresearch.co.jp
印刷所	大日本印刷株式会社

ISBN978-4-86392-050-7　禁無断転載。なお、乱丁・落丁はお取り替えいたします。
© Takahashi Ryoko, Craig Brantley 2011 All rights reserved.

模擬テスト
正解・解説

P.2 ········· 正解一覧

P.3 ········· スコア予測表

P.4 ········· Section 1: Listening Comprehension

P.39 ······ Section 2: Structure and Written Expression

P.55 ······ Section 3: Reading Comprehension

この別冊は、本体から取り外すことが可能です。

正解一覧

Section 1

1	B	11	A	21	D	31	C	41	C
2	A	12	C	22	A	32	C	42	C
3	A	13	D	23	B	33	D	43	B
4	B	14	C	24	C	34	B	44	D
5	C	15	C	25	B	35	D	45	C
6	B	16	B	26	A	36	B	46	A
7	C	17	C	27	B	37	D	47	A
8	A	18	D	28	C	38	C	48	D
9	A	19	B	29	D	39	C	49	C
10	D	20	A	30	D	40	A	50	B

Section 2

1	A	11	A	21	C	31	B
2	D	12	C	22	B	32	B
3	D	13	B	23	D	33	A
4	C	14	D	24	B	34	D
5	B	15	C	25	B	35	A
6	B	16	D	26	D	36	A
7	A	17	B	27	A	37	B
8	C	18	B	28	C	38	B
9	D	19	B	29	A	39	B
10	C	20	A	30	A	40	C

Section 3

1	C	11	B	21	B	31	B	41	B
2	B	12	C	22	D	32	C	42	A
3	A	13	A	23	D	33	C	43	D
4	A	14	A	24	C	34	A	44	C
5	D	15	C	25	B	35	C	45	C
6	C	16	B	26	A	36	C	46	B
7	B	17	D	27	A	37	A	47	C
8	B	18	B	28	D	38	D	48	D
9	C	19	C	29	C	39	C	49	B
10	D	20	D	30	B	40	A	50	B

スコア予測表

模擬テストの各セクションの正答数を数え、本試験の予想スコアを算出しましょう。

ただし実際の TOEFL ITP では、全受験者の得点をもとに統計処理を加えてスコアが算出されます。この予想スコアは、おおよその目安として活用してください。

① 各セクションの正答数を数え、予想レンジを算出します。
② 各セクションの予想レンジの下限と上限を、それぞれ合計します。
③ 以下の数式にあてはめ、トータルスコアの下限と上限を算出します。

(Section 1＋Section 2＋Section 3)×10÷3＝トータルスコア

	正答数	予想レンジ
Section 1		―
Section 2		―
Section 3		―
合計		―
トータルスコアレンジ		―

正答数レンジ	Section 1 予想レンジ	Section 2 予想レンジ	Section 3 予想レンジ
48―50	66―68		64―67
45―47	63―65		60―63
42―44	60―62		57―59
39―41	57―59	65―68	55―56
36―38	54―56	60―64	53―54
33―35	52―53	57―59	51―52
30―32	50―51	54―56	49―50
27―29	49―50	52―53	46―48
24―26	47―48	50―51	44―45
21―23	46―47	47―49	41―43
18―20	43―45	44―46	38―40
15―17	40―42	41―43	35―37
12―14	36―39	38―40	33―34
9―11	32―35	32―37	32―33
0―8	31	31	31

※最高点は 677 点、最低点は 310 点です。

3

Section 1: Listening Comprehension

Part A CD 16 ▶ ▶ CD 45

1. 正解：(B)

[スクリプト]

M: How is your Biology presentation preparation going?

W: Fine, but I need to find some more data to complete it.

Q: What does the woman say about her presentation?

[スクリプト・選択肢の訳]

男性：生物学のプレゼンテーションの準備はどんな感じだい？

女性：大丈夫よ、でも完成するにはあといくつかデータを見つけなければいけないの。

質問：女性は自分のプレゼンテーションについて何と言っていますか。

(A) トピックが生物学から変更された。

(B) 追加の情報を盛り込まなければならない。

(C) 準備段階は終了した。

(D) いくつかのデータはまったく不要だった。

解説 女性のセリフの some more data が (B) の additional information に言い換えられている［→解法 2］。(A) の Biology、(C) の preparation、(D) の data など、セリフと同じ単語が使われているが、ごまかされないこと。また、(D) の completely は女性のセリフにある complete と似た音を使うことで混乱させようとしていることに注意［→解法 3］。

[✓ チェック！重要語句]

□ **Biology** 名生物学

2. 正解：(A)

[スクリプト]

W: Have you decided which dormitory you want to live in?

M: I thought we didn't have a choice.

Q: What does the man assume?

[スクリプト・選択肢の訳]

女性：どの寮に住みたいか決めた？

男性：僕たちには選択肢がないんだと思ってたよ。

質問：男性は何と推測していますか。

(A) 彼は判断を下す必要がない。

4

(B) ある寮は建設されたばかりだ。

(C) 彼は別の場所へ移った。

(D) すべての学生はキャンパス外に住まなければならない。

解説 男性のセリフにある否定形の縮約形 didn't をきちんと聞き取ろう［→解法 4］。didn't have a choice が (A) の does not have to make a decision で言い換えられている［→解法 2］。

☑ チェック！重要語句

□ **dormitory** 名学生寮　□ **off-campus** 副学外で

3. 正解：(A)

スクリプト

W: I saw you and Mary going into the movie theater to see *Z-Power Man*. Wasn't it great?

M: Far from it, if you're asking me.

Q: What does the man mean?

スクリプト・選択肢の訳

女性：あなたとメアリーが「ゼットパワーマン」を見に映画館に入って行くのを見たわ。あの映画、素晴らしかったでしょう？

男性：素晴らしいからはほど遠いね、ぼくに言わせれば。

質問：男性は何を意味していますか。

(A) 映画はよくなかった。

(B) 彼はその映画を見損ねた。

(C) 劇場の居心地が悪かった。

(D) 彼はメアリーと一緒ではなかった。

解説 女性が映画は素晴らしかっただろうと男性に同意を求めているのに対し、男性は反対の意見を表明している［→解法 10］。男性のセリフにある Far from it は「とんでもない、全然違う」の意味。

4. 正解：(B)

スクリプト

M: You haven't come to our study group meetings for over a week.

W: I know but you can count on me for the next one.

Q: What does the woman mean?

スクリプト・選択肢の訳

男性：僕たちの勉強会の集まりに 1 週間以上来てないね。

5

女性：そうなのよ、でも次回の集まりでは当てにしてくれていいわよ。

質問：女性は何を意味していますか。

(A) 彼女は新しい勉強会を立ち上げた。

(B) 彼女は次回の集まりに参加する。

(C) 来週、彼女は忙しすぎて勉強できない。

(D) 皆が彼女を頼りにしている。

解説 女性のセリフにある count on 〜は「〜を当てにする」の意味。正解 (B) の gathering は男性のセリフにある meetings を言い換えている［→解法 2］。(A) の study group、(D) の counting on など、セリフに含まれているのと同じ単語があるがごまかされてはならない。女性のセリフは、次回の勉強会に彼女が行くことについては当てにしてくれていい、と限定的なので (D) は不可。

☑チェック！重要語句

□ count on 〜 　〜を頼りにする

5. 正解：(C)

スクリプト

W: Why don't you send that package by Express Mail?

M: I don't want to pay an additional 9 dollars and 80 cents for that.

Q: What will the man probably do?

スクリプト・選択肢の訳

女性：その小包、速達で送ればいいんじゃない？

男性：そのために追加の 9 ドル 80 セントを支払いたくないんだよ。

質問：男性は何をすると思われますか。

(A) 彼宛ての速達便を受け取りに行く。

(B) 彼の受領書を送る。

(C) 郵便を使う。

(D) 追加料金を支払う。

解説 女性のセリフ Why don't you 〜は提案を表す表現［→解法 12］。女性が速達を使うよう提案しているのに対し、男性は速達を使った場合の追加料金を支払いたくないと答えているので、次に男性がすることは (C)、通常郵便で小包を送ることであると考えられる。(D) は男性がしたくないと言っていることである。

6. 正解：(B)

スクリプト

M: Despite what the radio weather program host predicted, traffic today seems very light.

6

W: Isn't it!

Q: What does the woman imply?

スクリプト・選択肢の訳

男性：ラジオの天気予報番組の司会者が予測していたのとは違って、今日の交通量はすごく少ないね。

女性：そうね。

質問：女性は何を示唆していますか。

(A) アナウンサーは正しかった。

(B) 彼女は男性に賛成している。

(C) 新たな予測が発表される。

(D) 交通量は少ないと予測されていた。

解説 女性のセリフ Isn't it! は男性に対する賛成を表している［→解法 10］。(A) と (D) はどちらも男性のセリフとは反対の内容である。

☑ チェック! 重要語句

□ despite 前〜にもかかわらず　□ predict 動予測する

7. 正解：(C)

スクリプト

M: Look how clear this river is! It doesn't seem polluted at all!

W: Yes, not like the one that goes by the town where we live.

Q: What can be inferred about the man and woman from the conversation?

スクリプト・選択肢の訳

男性：この川はとても澄んでいるね！　まったく汚染されていないみたいだ。

女性：そうね、私たちが住んでいる町のそばを流れているのとは違ってね。

質問：会話から男性と女性について何が推測できますか。

(A) 彼らの町には川がない。

(B) 彼らは汚染を除去する手伝いをしている。

(C) 彼らは同じ地域に住んでいる。

(D) 川はますます澄んできている。

解説 女性のセリフにある the town where we live がキーワードとなり、男性と女性が同じ町に住んでいることがわかる。正解 (C) に含まれている reside がキーワードの一部である live の言い換えになっていることにも注意［→解法 2］。

☑ チェック! 重要語句

□ polluted 形汚染された　□ reside 動住む

8. 正解：(A) --

スクリプト

M: Professor, could I visit your office any time today to review some of these theories?

W: I'm free after lunch.

Q: What does the woman imply to the man?

スクリプト・選択肢の訳

男性：教授、これらの学説のいくつかを復習したいのですが、今日研究室をお訪ねしてもよろしいでしょうか。

女性：ランチの後なら空いているわよ。

質問：女性は男性に対して何を示唆していますか。

(A) 彼女は今日、後でなら会うことができる。

(B) 彼女はそれらの学説に反対している。

(C) 彼女は男性の研究を再検討した。

(D) 彼女の新しい研究室は異なる階にある。

解説 女性のセリフにある free を (A) の available で言い換えている [→解法2]。選択肢 (B) の theories、(C) の reviewed、(D) の office などはセリフ中で使用されている単語であるが、ごまかされてはならない。

☑チェック！重要語句

□ review 動復習する、再調査する　□ theory 名学説

9. 正解：(A) --

スクリプト

M: There's a letter for you from Winstrom University.

W: That must be a response to my application!

Q: What does the woman mean?

スクリプト・選択肢の訳

男性：ウィンストロム大学から君に手紙が来ているよ。

女性：きっと私の出願書に対する返事だわ！

質問：女性は何を意味していますか。

(A) 彼女は連絡が来ることを予想していた。

(B) 彼女は出願書類を探している。

(C) その大学は遠くにある。

(D) その手紙は郵送されていない。

8

解説 女性のセリフに含まれている助動詞 must は「〜しなければならない」という意味と同時に、「〜に違いない」という意味がある。つまり、女性は自分が出願した大学から連絡が来ることを予想していたということになる。

☑ チェック！重要語句
□ response **名** 反応、返答　□ application **名** 申し込み、出願

10. 正解：(D)

スクリプト

W: The bus is already 30 minutes late, but we have to be at school by 8:15.

M: We'd be better off taking a taxi.

Q: What does the man suggest to the woman?

スクリプト・選択肢の訳

女性：バスはすでに 30 分遅れているけど、私たちは 8 時 15 分までに学校にいなきゃいけないのよ。

男性：タクシーに乗った方がいいみたいだね。

質問：男性は女性に何と提案していますか。

(A) もう少しだけ待つ。

(B) 急行バスに乗る。

(C) オフィスに電話する。

(D) 別の交通手段を利用する。

解説 男性のセリフにある be better off 〜は「〜した方がいい状態になる」の意味の慣用句［→解法 9］。バスに乗るつもりだった 2 人だが、男性が「タクシーに乗った方がよい」と提案しており、タクシーが (D) の different transportation にあたる。

☑ チェック！重要語句
□ be better off 〜　〜した方がよりよい状態になる

11. 正解：(A)

スクリプト

M: I'm going to register for Calculus 401 in the autumn.

W: You shouldn't have any problem getting good scores in that.

Q: What is the woman assuming?

スクリプト・選択肢の訳

男性：秋には、微積分学 401 に履修登録するよ。

女性：あなたがあのクラスでいい成績を取るのには何の問題もないはずよ。

質問：女性は何と推測していますか。

(A) その授業は比較的簡単だろう。

9

(B) 履修登録はすでに始まっている。

(C) その授業は秋にしか開講されない。

(D) 微積分学は卒業するために必修である。

解説 女性のセリフに含まれている否定形の縮約形 shouldn't を注意して聞き取るようにする［→解法 4］。女性は、男性がそのクラスでいい成績を取ることができるだろうと言っているので、女性がこのクラスを比較的簡単だと考えていることがわかる。(B) の Registration、(C) の autumn、(D) の Calculus など、セリフに含まれている単語に惑わされないこと。

☑ チェック! 重要語句

□ **register for ～**　～に登録する　□ **calculus** 名微積分学　□ **registration** 名登録

12. 正解：(C)

スクリプト

M: How do you find your career counseling sessions so far?

W: Absolutely wonderful.

Q: What does the woman say about the sessions?

スクリプト・選択肢の訳

男性：進路相談会は、これまでのところどうだい？

女性：間違いなく素晴らしいわ。

質問：女性は相談会について何と言っていますか。

(A) あまりにも多くの人が来る。

(B) 彼女は新しい友達を見つけた。

(C) 大変価値がある。

(D) 彼女は最後の相談会への参加を予定に入れた。

解説 女性のセリフ、Absolutely wonderful. を、正解 (C) で very worthwhile とより具体的に言い換えていると考える［→解法 2］。女性は進路相談会を気に入っているようだが、(B) には言及していない。

13. 正解：(D)

スクリプト

M: It's almost 9:30. There isn't enough time to pick out another necktie from this selection, is there?

W: Not before the store closes.

Q: What does the woman say about the store?

10

スクリプト・選択肢の訳

男性：そろそろ 9 時 30 分だ。この売場でもう 1 つネクタイを選ぶのに必要な時間はないよね？

女性：店が閉まる前にはないわね。

質問：女性は店について何と言っていますか。

(A) 9 時 30 分に開店する。

(B) たくさんのネクタイを売っている。

(C) 別の品揃えの方が好ましい。

(D) 営業時間がもうすぐ終了する。

解説 男性のセリフに含まれている否定形の縮約形 isn't を聞き取る［→解法 4］。女性のセリフは否定形 Not から始まっているが、意味をきちんと掴むこと。「店が閉まる前には、別のネクタイを選ぶ時間はない」と言っているので、(D) が正しい。(A) の 9:30、(B) の neckties、(C) の selection などセリフに含まれている単語に惑わされないこと。

14. 正解：(C)

スクリプト

W: I've had it with this photocopier! This is the third time today it has jammed!

M: You couldn't do anything with it, either.

Q: What can be inferred from the conversation?

スクリプト・選択肢の訳

女性：このコピー機にはうんざりよ！　紙詰まりを起こしたのはこれで今日 3 度目よ！

男性：君にもどうしようもないんだね。

質問：会話から何が推測できますか。

(A) 彼はこの機械を使う必要がある。

(B) 彼は忙しすぎて、助けることができない。

(C) この機械は、彼にとってもうまく作動しなかった。

(D) 彼はもっと良いコピー機を購入した。

解説 まず、女性のセリフにある I've had it（もううんざりだ）という慣用句を理解できると会話の内容がわかりやすくなる［→解法 9］。次に、男性のセリフの最後にある either に注目しよう。either は、否定形の後につくと「〜も ・・・ ではなかった」という意味になる。男性は女性に対して、「君にもどうしようもないんだね」と言っていることから、男性もこのコピー機をうまく使えなかったことが推測できる。

✓ チェック！重要語句

□ **I've had it** もううんざりだ　□ **photocopier** 名 コピー機　□ **jam** 動 紙詰まりする、故障する

11

15. 正解：(C)

スクリプト

M: Whom should I speak to about joining the school soccer club?

W: You can sign up for that at the desk across the hallway.

Q: What will the man probably do next?

スクリプト・選択肢の訳

男性：学校のサッカークラブへの参加については、誰とお話しするべきでしょうか。

女性：廊下を渡ったところにある受付で、参加の申し込みができますよ。

質問：男性は次に何をすると考えられますか。

(A) 女性の署名をもらう。

(B) 彼の机を動かす。

(C) 別の場所へ行く。

(D) 廊下を掃く。

解説 女性のセリフにある sign up は「登録する、参加の意志を表明する」の意味。つまり女性は「廊下を渡ったところにある受付で、参加の申し込みができる」と言っているので、男性は次に場所を移動して、その受付に行くと考えられる。(B) の desk、(D) の hallway など、会話に含まれている単語に惑わされないこと。また、(A) は女性のセリフにある動詞 sign を signature（署名）という名詞形に言い換えることで混乱させようとしているので注意。

☑ チェック! 重要語句

☐ **sign up** 登録する、参加の意志を表明する　☐ **hallway** 名 廊下

16. 正解：(B)

スクリプト

M: I can't imagine how I can finish all this homework in one evening!

W: You'd better see if the professor will let you hand it in a little later.

Q: What does the woman suggest to the man?

スクリプト・選択肢の訳

男性：どうやったら1晩でこのすべての宿題を終わらせることができるのかわからないよ。

女性：教授に、少し遅れて提出させてもらえるか聞いてみた方がいいわよ。

質問：女性は男性に何と提案していますか。

(A) 宿題はもっと早くにやっておくべきだ。

(B) もっと時間をもらうべきだ。

(C) 教授はより多くの宿題を配るかもしれない。

(D) 彼は遅れたことについて謝るべきだ。

解説 女性のセリフには、使役動詞 let が使われていることに注意 [→解法 7]。(A) の homework、(C) の professor など、会話に含まれているのと同じ単語に惑わされないこと。(C) には女性のセリフで出てきた動詞句 hand in によく似た別の動詞句 hand out が含まれているが、これは「配る」の意味。

☑ チェック！重要語句
□ **hand in** 提出する □ **hand out** 配る

17. 正解：(C)

スクリプト

W: I've decided to enter that art contest I saw posted on the wall in the student center.

M: You should know that's very competitive.

Q: What does the man say about the art contest?

スクリプト・選択肢の訳

女性：学生センターの壁に貼られていたポスターで見た、アートコンテストにエントリーすることに決めたわ。

男性：あれはすごく競争率が高いということを知っておくべきだよ。

質問：男性はアートコンテストについて何と言っていますか。

(A) それは学生センターで開催される。

(B) 彼の最高の作品を提出する。

(C) 勝つことはおそらく難しい。

(D) 彼は参加者の何人かを知っている。

解説 「(コンテストなどに) エントリーする」と言うには、女性のセリフのように動詞 enter を使う。男性はアートコンテストの競争率が高いと言っており、つまりコンテストで勝つのは難しいという意味になる [→解法 2]。(A) の the student center、(B) の enter、(D) の knows など、会話で使われているのと同じ単語に惑わされないこと。また (D) には entrants という、セリフで使われた enter と似た音が使われているが、惑わされないよう注意 [→解法 3]。

☑ チェック！重要語句
□ **competitive** 形 競争の激しい

18. 正解：(D)

スクリプト

W: Why did you use your credit card to pay for that medicine?

M: I forgot to bring any cash with me.

13

Q: What can be inferred about the man from this conversation?

スクリプト・選択肢の訳

女性：どうしてあの薬の支払いにクレジットカードを使ったの？

男性：現金を持って来るのを忘れたんだよ。

質問：この会話から男性について何が推測できますか。

(A) 彼は現金を持ち歩くことを好まない。

(B) 彼は薬局で働いている。

(C) 彼はクレジットカードを持って来るのを忘れた。

(D) 彼は紙幣を持って来なかった。

解説 正解 (D) では、男性のセリフにある cash を paper money と言い換えている [→解法 2]。(A) の cash、(C) の forgot to bring などは会話の中で使われていた表現であるが、ごまかされないようにする。(B) には女性のセリフにある medicine（薬）から連想される pharmacy（薬局）という単語が含まれているが、混乱しないように。

19. 正解：(B)

スクリプト

M: What's the last day I can apply for a student internship?

W: I'm sorry but they've all been filled.

Q: What does the woman mean?

スクリプト・選択肢の訳

男性：学生インターンシップに申し込むことができる最後の日はいつですか。

女性：残念ですが、すべて定員になってしまいました。

質問：女性は何を意味していますか。

(A) インターンシップはキャンセルされた。

(B) ポジションにもう空きがない。

(C) 申込書が別の部署にある。

(D) 男性はあと何枚かの書類に記入しなければならない。

解説 女性のセリフ they've all been filled（they は「インターンシップの空き」を指す）が (B) The openings are no longer available. で言い換えられている [→解法 2]。(C) には会話に出てくる動詞 apply の名詞形である Applications、(D) には会話に出てくる filled と似た音の表現 fill out が含まれているが、ごまかされてはならない [→解法 3]。

☑ チェック！重要語句

□ apply for 〜　〜に申し込む　□ internship 名実務研修　□ filled 形満員の

14

20. 正解：(A)

スクリプト

M: The school cafeteria is serving fish today.

W: I really hope that's something enjoyable for once.

Q: What does the woman imply about the cafeteria?

スクリプト・選択肢の訳

男性：学食は今日は魚を出しているよ。

女性：たまにはおいしいといいけど。

質問：女性は学食について何を示唆していますか。

(A) そこの食べ物は大抵おいしくない。

(B) 魚はめったに出されない。

(C) 彼女はそこに頻繁には行かない。

(D) 彼女はほかの学校の料理を好んでいる。

解説 女性は、「たまにはおいしいといいけど」と言っているので、いつも学食がまずいと考えていることがわかる。

☑チェック！重要語句

□ **for once** 今回だけは、たまには　□ **dish** 名料理

21. 正解：(D)

スクリプト

M: Doesn't the final essay in our Roman History class have to be at least 20 pages?

W: Not that long.

Q: What does the woman mean?

スクリプト・選択肢の訳

男性：ローマ史のクラスで学期末に提出する論文は、少なくとも 20 ページじゃないといけないんだよね？

女性：そんなに長くないわ。

質問：女性は何を意味していますか。

(A) 論文は明日までに書かれなければならない。

(B) 彼女はローマ史についてあまり知らない。

(C) 彼女は男性の質問を理解できなかった。

(D) 求められている長さはそれよりも短い。

解説 男性のセリフに出てくる at least ～は「少なくとも～」という数を表す表現 [→解法 6]。女性のセリフが否定形 Not で始まっていることに注意する。女性は 20

15

ページも書かなくていいと言っており、Not that long. が shorter で言い換えられた
(D) が正解 [→解法 2]。

☑ チェック！重要語句
□ at least ～　少なくとも～

22.　正解：(A) --

スクリプト

W: Our field trip starts in less than an hour but Jackson hasn't even arrived yet.

M: He won't disappoint us, though.

Q: What does the man mean?

スクリプト・選択肢の訳

女性：校外学習は 1 時間もしないうちに始まるのに、ジャクソンはまだ到着さえしてい
　　　ないわ。

男性：でも、彼は僕たちを失望させたりはしないよ。

質問：男性は何を意味していますか。

(A) ジャクソンは時間どおりに来るだろう。

(B) 校外学習には失望させられるだろう。

(C) このグループは普段から遅れやすい。

(D) イベントの日程が変更されるかもしれない。

解説 女性がジャクソンがまだ来ていないことを批判したのに対し、男性は「ジャ
クソンは僕たちを失望させない」と答えているので、男性はジャクソンが時間通り
に来るだろうと期待していることがわかる。

☑ チェック！重要語句
□ field trip　校外学習

23.　正解：(B) --

スクリプト

W: It's a nice afternoon for a tennis match, isn't it?

M: I can't remember when I've seen better.

Q: What does the man mean?

スクリプト・選択肢の訳

女性：テニスの試合にぴったりの、いい午後よね。

男性：こんなに素晴らしいのは見たことがないよ。

質問：男性は何を意味していますか。

(A) 試合はもっと素晴らしいものになっていたかもしれない。

(B) とても素晴らしい天気である。

16

(C) 彼はテニスの試合の予定を組むのを忘れた。

(D) 彼はその日の試合に負けた。

解説 女性のセリフの nice afternoon は「晴れた午後」の意味。男性のセリフには、否定表現と比較表現が同時に使われており、「(テニスの試合をするのに) こんなに素晴らしい午後／天気は見たことがない」という意味。これを言い換えたのが (B) である [→解法 2]。(A) の better、(C) の tennis、(D) の match などは会話に含まれている表現であるが、ごまかされないように注意。

24. 正解：(C)

スクリプト

M: The hotel gave me this list of major tourist sites we might want to see while we're here.

W: I'd rather avoid places like those.

Q: What does the woman imply?

スクリプト・選択肢の訳

男性：ホテルが、僕たちがここにいる間に見たいと思うかもしれない主要観光地のリストをくれたよ。

女性：どちらかというとそういう場所は避けたいわね。

質問：女性は何を示唆していますか。

(A) 男性は正確でない情報を受け取った。

(B) 彼女はより最新のリストを持っている。

(C) 彼女はある種の場所には興味がない。

(D) 彼女はホテルから離れることを避けたい。

解説 女性のセリフから、彼女は「主要観光地」(major tourist sites) を指す places like those に興味がないことがわかる。正解 (C) ではこれを Certain areas という表現で言い換えている [→解法 2]。

☑チェック！重要語句

□ **tourist site** 観光地

25. 正解：(B)

スクリプト

M: What's keeping you here in the library so late?

W: This is the only place I can catch up on my coursework.

Q: What does the woman say about the library?

スクリプト・選択肢の訳

男性：何のためにこんな遅くまで図書館にいるんだい？

17

女性：ここは、授業内容についていくための勉強ができる唯一の場所なの。

質問：女性は図書館について何と言っていますか。

(A) 週末には遅くまで開いている。

(B) 彼女はその場所で勉強するしかない。

(C) 男性は授業についていくための勉強をそこでするべきだ。

(D) 彼女はこの間の試験でいい点を取った。

解説 女性のセリフにある catch up on ～は「～に追いつく」の意味。彼女は、図書館が「唯一の場所」だと言っており、これが正解 (B) の unavoidable（不可避な）という形容詞で言い換えられている［→解法 2］。

☑ チェック！重要語句

□ catch up on ～　～に追いつく

26.　正解：(A) --

スクリプト

M: Michael is completely focused on doing well in school.

W: You summed him up well!

Q: What does the woman say about Michael?

スクリプト・選択肢の訳

男性：マイケルは、学校でうまくやることに完全に集中しているね。

女性：そのとおりね！

質問：女性はマイケルについて何と言っていますか。

(A) 彼は学業を最優先している。

(B) 彼は授業で彼女をよく助けてくれる。

(C) 彼は研究テーマを見つける必要がある。

(D) 彼は学習の予定を変えている。

解説 女性のセリフにある sum up は「要約する」の意味。つまり、彼女は男性の発言が「（マイケルのことを）うまくまとめて言い表している」と言っている。その男性のセリフが (A) He prioritizes academics. で言い換えられている［→解法 2］。

☑ チェック！重要語句

□ focused on ～　～に集中している　□ sum up　合計する、要約する　□ prioritize　動 優先させる　□ academics　名（通常複数形で）学業

27.　正解：(B) --

スクリプト

M: Let's take a break before we run this last mile.

W: Sounds like a good idea to me.

18

Q: What will the man and woman probably do next?

スクリプト・選択肢の訳

男性：最後の1マイルを走る前に休みをとろう。

女性：いい考えね。

質問：男性と女性は次に何をすると考えられますか。

(A) ランニングシューズを購入する。

(B) 活動をしばらく止める。

(C) 最後の1マイルを車で走る。

(D) 新たなアイデアを考える。

解説 女性のセリフ、Sounds like a good idea は賛成を示す表現［→解法10］。男性は Let's take a break と言っており、これが (B) Stop an activity for a while. で言い換えられている［→解法2］。activity は「ランニング」を指す。

28. 正解：(C) --

スクリプト

W: It sounds like you have a lot of final exams coming up.

M: Yes, but they're nothing I can't handle.

Q: What does the man mean?

スクリプト・選択肢の訳

女性：期末試験がたくさんあるみたいね。

男性：ああ、でも対処できないようなものは何もないよ。

質問：男性は何を意味していますか。

(A) 彼はいい成績を取った。

(B) 試験はしばらく延期される可能性がある。

(C) 彼は課題に対処する自信がある。

(D) 人生には学校より大切なものがある。

解説 男性のセリフには、nothing と can't という2つの否定表現が含まれており、二重の否定となっている。二重の否定は結果として肯定的な意味になることに注意［→解法4］。男性は、期末試験がたくさんあるが、彼に対処できないものは1つもない、と言っている。

☑チェック！重要語句

□ **handle** 動 対処する

29. 正解：(D) --

スクリプト

M: Lilly called to say she can't come to the party tonight.

19

W: She must still have that bad cold.

Q: What does the woman imply about Lilly?

スクリプト・選択肢の訳

男性：リリーが、今晩のパーティーには来られないって電話してきたよ。

女性：彼女、きっとまだあのひどい風邪をひいているのね。

質問：女性はリリーについて何を示唆していますか。

(A) 彼女はたくさんのパーティーに来る。

(B) 彼女はより多くの薬を必要としている。

(C) 彼女はイベントを主催しようとしている。

(D) 彼女は以前から病気だった。

解説 女性のセリフに使われている助動詞 must には「～しなければならない」という意味と「～に違いない」という意味があり、ここでは後者。また、still（いまだに）という副詞が使われていることから、女性はリリーが以前から病気だったことを知っていたと推測できる。

30. 正解：(D)

スクリプト

M: This isn't the laboratory we're supposed to use, right?

W: It IS, actually.

Q: What does the woman say about the laboratory?

スクリプト・選択肢の訳

男性：これは、僕たちが使うべき実験室ではないよね？

女性：これがそうなのよ、実際のところ。

質問：女性は実験室について何と言っていますか。

(A) 彼らは入室許可が必要である。

(B) それは実際には廊下の先にある。

(C) 彼らは教授を待つことになっている。

(D) 彼らはそれを割り当てられている。

解説 男性が、この実験室が自分たちのものではないのではないかと疑っているのに対し、女性は、IS を強く発音することで強調し、また actually（実際は）という副詞を使うことによって、それが自分たちのものだと答えている［→解法 13］。つまり、この実験室は彼らに割り当てられたものだということがわかる。

☑ チェック！重要語句

□ **laboratory** 名実験室、実習室

20

Part B 〔CD 47〕 ▶ ▶ 〔CD 56〕

Questions 31-34

スクリプト

Listen to a conversation between two students.

M: Let's stop playing for a moment. I'm really tired.

W: Are you feeling okay? We've only been on the court a few minutes.

M: I know. I guess I'm really not physically fit anymore. I haven't exercised at all in a long time.

W: In high school you worked out all the time.

M: I know, but nowadays ... since I entered college I've been spending so much time studying that I haven't had time to take care of my body. I haven't been eating right either—too much fast food like pizza or hamburgers. I was even thinking of visiting the doctor recently because I've felt so bad.

W: I'm sad to hear that. Couldn't you spare at least an hour each day at the school gym? It's been renovated recently, so it's better than ever. Also, just eat whole or organic foods, and plenty of fruits and vegetables. If you returned to doing that, you'd not only lose weight but also get a brighter mind.

M: How so?

W: Mental and physical fitness are connected. When your body is healthy you feel mentally alert and academically productive. You may also need fewer medical treatments.

M: Thanks for your advice. OK, let's continue the game.

スクリプトの訳

2人の学生の会話を聞きなさい。

男性：プレイをちょっとやめようよ。すごく疲れた。

女性：大丈夫？　コートに入ってたった数分しかたってないわよ。

男性：わかってる。僕はもうまったく健康じゃないんだろうな。長い間まったく運動してないし。

女性：高校では、いつも運動してたじゃない。

男性：わかってるよ、でも最近は … 大学に入って以来、勉強に長時間を費やしていて、

21

自分の体をいたわる時間がないんだ。食生活もきちんとしてないし。ピザとかハンバーガーとかのファーストフードばっかりだよ。最近気分がすごく悪かったから、医者に行こうかとさえ考えていたんだ。

女性：それを聞いて残念だわ。毎日、少なくとも1時間くらい時間を割いて、学校のジムで過ごすことはできないの？ ジムは最近改装されたから、これまでよりいいわよ。そして、自然食品か有機食品と、たくさんの果物と野菜を食べるだけでいいのよ。そういう生活に戻れば、体重が減るだけじゃなくて、頭も冴えるわよ。

男性：どんなふうに？

女性：心と体の健康はつながっているのよ。体が健康だと、精神的に鋭敏になるし、勉強のうえでも生産的になるわ。病院で診療を受ける回数だって少なくなるかもしれないわ。

男性：アドバイスをありがとう。よし、ゲームを続けよう。

31. 正解：(C)

質問と訳

Why does the man tell the woman he is tired?
男性は女性になぜ疲れていると言ったのですか。

選択肢の訳

(A) 長時間プレイしていたから。

(B) 1日中食べていないから。

(C) 体調が良くないから。

(D) 他の人の体を鍛えているから。

解説 女性がなぜそんなに疲れているのかと尋ねたとき、男性は I guess I'm really not physically fit anymore. と答えており、この内容を言い換えたのが (C) である [→解法 2]。be in good shape で「健康である」という慣用句 [→解法 9]。(A) は、女性が We've only been on the court a few minutes. と言っているので間違い。(B) は、男性は I haven't been eating right either ... とは言っているが、何も食べていないとは言っていないので不可。

32. 正解：(C)

質問と訳

What has kept the man busy nowadays?
男性は最近どんなことで忙しいのですか。

選択肢の訳

(A) 大学に出願すること。

(B) 高校を卒業すること。

(C) 授業についていくこと。

(D) 医者と会うこと。

解説 男性は、... since I entered college I've been spending so much time studying ... と言っている。この内容を言い換えたのが (C) である［→解法 2］。男性はすでに大学に入学しているので、(A) と (B) は誤り。(D) は、男性は I was even thinking of visiting the doctor recently ... と言ってはいるが、実際にはまだ医者に行っていないので不可。

33. 正解：(D)

質問と訳

What is the woman sad to hear?

女性は何を聞いて残念だと思っているのですか。

選択肢の訳

(A) 男性が十分に勉強していないこと。

(B) 学校のジムが改装されないこと。

(C) ファーストフードがますます健康的でなくなっていること。

(D) 男性がライフスタイルを変えたこと。

解説 女性は In high school you worked out all the time. と言っている。つまり、女性は男性が大学生になって高校時代のライフスタイルを変えてしまったことを残念に思っている。(A) は、男性は ... I've been spending so much time studying ... と言っているので誤り。(B) は、女性が It's been renovated recently ...（it は the school gym を指す）と言っているので不可。

34. 正解：(B)

質問と訳

According to the woman, how can the man become more academically productive?

女性によると、男性はどうすれば勉強のうえでもより生産的になることができるのですか。

選択肢の訳

(A) 毎日、少なくとも 1 時間図書館で過ごすことによって。

(B) 日常の習慣を変更することによって。

(C) 病院で治療を受けることによって。

(D) 授業中にうまくやる特別なコツについて常に考えることによって。

解説 女性は男性に対し、運動をすることと食生活を変えることという 2 つのアドバイスを与えている。つまり、(B) の normal routines（日常の生活習慣）を改善するように勧めている。(A) は、少なくとも 1 時間、図書館ではなく学校のジムで過

ごすことを勧めているので間違い。日常習慣を変えれば病院に行く回数も減ると言っているので (C) も不可。

☑チェック！重要語句

□ **physically** 副物理的に、肉体的に　□ **fit** 形健康な　□ **exercise** 動運動する　□ **work out** トレーニングする　□ **eat right** 正しい食生活をする　□ **spare** 動（時間などを）割く　□ **renovate** 動改装する、修理する　□ **bright** 形快活な、利発な　□ **alert** 形油断のない、機敏な　□ **academically** 副学問上　□ **productive** 形生産的な　□ **treatment** 名治療　□ **deal with 〜** 〜に対処する　□ **routine** 名習慣　□ **tip** 名ヒント

Questions 35-38

スクリプト

Listen to a conversation between two students.

W: Bob, hi!

M: Hi, Ellen. I haven't seen you all summer!

W: That's because I've been studying in Moscow for the past three months. I was in an intensive Russian program at a university there.

M: Really? How was it? Did you mind traveling alone?

W: Not at all. It was hard to keep up with my coursework at first, though, because the professors only spoke in Russian instead of English. Since it's my major, I had studied Russian for two years here in Boston, but I don't think it was adequate preparation.

M: It must have been tough at first, then.

W: It was! Another difficulty was adapting to the local food and culture. For example, in Russia they eat a lot more potatoes and stews than Americans ordinarily do. The Russians have a stew called "Borsch" that they're very proud of. It was a little hard for me to get used to, however.

M: Oh, are you going to go back again?

W: I hope so! By my fourth year, I hope to become fluent! When I graduate from university, I want to use my skills as an interpreter in the United Nations.

スクリプトの訳

2 人の学生の会話を聞きなさい。

24

女性：ボブ、こんにちは！

男性：やあ、エレン。夏の間中会わなかったね。

女性：この 3 ヶ月間モスクワで学んでいたからよ。モスクワの大学の、ロシア語の集中プログラムにいたの。

男性：本当に？　どうだった？　1 人で旅行するのは嫌じゃなかったかい？

女性：いいえ、まったく。でも、先生たちは英語じゃなくてロシア語でしか話さないから、最初のうちは授業の内容についていくのが大変だったわ。私の専攻はロシア語だから、ここボストンで 2 年間勉強したけど、それでも準備万端とはいかなかったわ。

男性：だったら、最初はさぞ大変だっただろうね。

女性：そうなのよ！　ほかに大変だったのは、地元の食べ物と文化に適応すること。たとえば、ロシアではアメリカ人が普段食べるよりずっと多くのジャガイモとシチューを食べるの。ロシアにはロシア人がとても誇りに思っている「ボルシチ」と呼ばれるシチューがあるの。でも、私にとっては慣れるのが少し大変だったわ。

男性：ふうん、また戻るのかい？

女性：そうしたいわ！　4 年生になるまでには、流暢になっていたいの。大学を卒業したら、国連で通訳としてこのスキルを生かしたいわ。

35. 正解：(D)

質問と訳

What has the woman been doing for the past three months?

女性はこの 3 ヶ月間、何をしていたのですか。

選択肢の訳

(A) ボストンで夏期講習を受けていた。

(B) 留学生を助けていた。

(C) 国連で働いていた。

(D) 語学プログラムに参加していた。

解説 女性は、I was in an intensive Russian program ... と言っている。ボストンは今現在女性がいるところなので (A) は不可。将来国連で働きたいと言っているが、夏の間に働いたわけではないので (C) も不可。

36. 正解：(B)

質問と訳

How long has the woman been in her major?

女性が専攻を決めてから何年たちますか。

25

選択肢の訳

(A) 1 年。

(B) 2 年。

(C) 3 年。

(D) 4 年。

解説 この問題では、選択肢がすべて期間を表しているので、あらかじめ期間を表す数字に注意して聞くべきだと予測することができる［→解法 14］。女性は Since it's my major, I had studied Russian for two years ... と言っているので、(B) が正しい。紛らわしいのは By my fourth year, I hope to become fluent! であるが、ここでは「大学 4 年生になるまでには、ロシア語を流暢に話したい」と言っているので、(D) を選択してはいけない。

37. 正解：(D)

質問と訳

What difficult adaptation did the woman have to make?

女性が苦労して適応しなければならなかったのは何ですか。

選択肢の訳

(A) 他の人に英語を教えること。

(B) ロシア人学生を助けること。

(C) 1 人で旅行すること。

(D) 地元の料理を食べること。

解説 女性は、Another difficulty was adapting to the local food ... と言っており、この the local food が (D) で local dishes と言い換えられている［→解法 2］。(C) は女性の発言とは反対の内容。

38. 正解：(C)

質問と訳

Where does the woman plan to work after graduation?

女性は卒業後どこで働こうと計画していますか。

選択肢の訳

(A) 国際企業で。

(B) 大学で。

(C) 国際機関で。

(D) アメリカ合衆国政府で。

解説 女性は、When I graduate from university, I want to use my skills as an interpreter in the United Nations. と言っている。the United Nations（国連）を抽象的に global organization と言い換えた (C) が正解［→解法 2］。

☑ チェック！重要語句

□ **intensive** 形集中的な、激しい　□ **mind** 動嫌だと思う、気にする　□ **keep up with ～** ～に遅れずついていく　□ **major** 名（大学の）専攻　□ **adequate** 形十分な　□ **preparation** 名準備　□ **difficulty** 名困難、問題　□ **adapt to ～** ～に適応する　□ **local** 形地元の、地方の　□ **ordinarily** 副通常　□ **get used to ～** ～に慣れる　□ **fluent** 形流暢な　□ **interpreter** 名通訳

27

Part C CD 58 ▶▶ CD 72

Questions 39-42

スクリプト

Listen to the following talk about energy.

OK, please have a seat ... I want to get started as soon as possible. Wind power: it seems to be a promising alternative energy source, doesn't it? Unlike nuclear energy, it has no safety or waste issues. It also makes use of a seemingly infinitely renewable energy source: the wind. Let's consider Germany—it relies on wind power the most, using the earth's breezes to generate 3.5% of its total energy production. By contrast, in the U.S., it's only about 1%.

However, problems have emerged and intensified in the wind power sector. For example, wind turbines only have limited energy production. It would take over 200 turbines to match the output of a single coal energy production facility. It would take over 55 square miles of wind turbines to generate enough energy for a mid-sized city of 300,000 people.

Moreover, environmentalists complain that wind turbines continue to kill significant numbers of birds or bats. Worse, new medical surveys indicate that the steady, deep sound of wind farms may be harmful to hearing and even to mental health in children. This is not to say that wind power is useless. The case of Germany clearly proves otherwise. However, if we're going to use wind to create energy nationally or globally, we're going to need many more technological improvements.

スクリプトの訳

エネルギーについての以下のトークを聞きなさい。

さあ、席について … すぐに始めますよ。風力、それはこれからが期待できそうな代替エネルギー源のように見えますね？　原子力エネルギーと異なり、風力エネルギーには安全性の問題も、廃棄物の問題もありません。しかも、それは風という、一見無限に再生可能なエネルギー源を活用しているのです。ドイツの例を見てみましょう。ドイ

28

ツは風力に最も依存している国で、エネルギー総生産量の 3.5 パーセントを、地球上の風を利用して作り出しています。対照的に、アメリカ合衆国ではたった 1 パーセントほどです。

　しかし、風力エネルギーの分野では、いくつかの問題点が浮かび上がり、深刻化してきています。まず、風力タービンは限られたエネルギーしか生産できません。たった 1 つの石炭エネルギー生産施設に匹敵する生産高を上げるために、200 以上の風力タービンが必要となるのです。人口 30 万程度の中規模都市に必要なエネルギーを作るには、55 平方マイル以上も必要です。

　しかも、環境問題の専門家たちは風力タービンが多くの鳥やコウモリを殺し続けていると訴えています。さらに悪いことに、最近の医療調査は、風力発電基地の規則的に続く低音が、子供たちの聴力や精神衛生にさえも悪影響を与えるかもしれないことを示しているのです。だからと言って、風力エネルギーが無益だと言っているわけではありません。ドイツの例は、風力エネルギーが間違いなく有益であることを証明しています。しかし、もしわれわれが国家規模や地球規模でエネルギーを作るために風を利用しようというのであれば、より多くの技術的改善が必要になるでしょう。

39. 正解：(C)

質問と訳

What does this talk mainly discuss?
このトークは主に何について論じていますか。

選択肢の訳

(A) さまざまなエネルギー源。
(B) 安全性と危険性の問題。
(C) あるエネルギー源の特徴。
(D) 環境を保護する行動主義。

解説　トークの主旨を聞き取る問題 [→解法 18]。このトークは、風力エネルギーの有益さや問題点などの特徴について論じている。原子力エネルギーや石炭エネルギーの話が出てくるが、風力エネルギーの特徴を際立たせるために比較しているだけなので (A) は不可。safety ... issues という表現が出てくるが、原子力エネルギーに比べて風力エネルギーは安全だと述べているにとどまっており、(B) も不可。environmentalists という単語が使われているが、これは環境の専門家たちが風力エネルギーの問題点を指摘しているだけなので、(D) は主旨ではない。

29

40. 正解：(A) --

質問と訳

What does the speaker point to in order to highlight the potential of wind power?
風力の将来性を強調するために、話し手は何を指摘していますか。

選択肢の訳

(A) ある国で風力エネルギーが使われている割合。
(B) 風力タービンの設置が容易であること。
(C) アメリカで高まっている風力エネルギーへの依存。
(D) 風力に関する問題点のほとんどが解消されたこと。

解説 ドイツがいかに風力エネルギーに依存しているかを述べているので、(A) が正しい。アメリカではまだ総エネルギー量の1パーセントしか風力エネルギーを使っていないと言っているので (C) は誤り。風力発電のさまざまな問題点について述べた後、これらを解消するためには将来的に技術革新が必要だと言っているので、(D) も不可。

41. 正解：(C) --

質問と訳

According to the speaker, what is an advantage of coal energy facilities compared to wind?
話し手によると、風力エネルギーに比べて、石炭エネルギー生産施設にはどのような利点がありますか。

選択肢の訳

(A) 産出されるエネルギーがより清潔になってきている。
(B) より街に近い場所に建設することができる。
(C) より多くのエネルギーを作り出すことができる。
(D) より少ない数の鳥やコウモリしか殺さない。

解説 トークの中盤、It would take over 200 turbines to match the output of a single coal energy production facility. に答えがある。他の選択肢の内容に関しては言及されていない。

42. 正解：(C) --

質問と訳

How does the speaker view prospects for wind energy?
話し手は、風力エネルギーの未来についてどのように考えていますか。

30

選択肢の訳

(A) 根拠のない問題点が申し立てられている。

(B) そのエネルギー産出量によって、すぐにほかのエネルギー源に取って代わるだろう。

(C) どれほどの規模になるかは、科学の進歩にかかっている。

(D) 風力はおそらく無益である。

解説 トークの最後、... if we're going to use wind to create energy nationally or globally, we're going to need many more technological improvements. に答えがある。use wind to create energy nationally or globally という部分が (C) の Scale という表現で、また technological improvements が scientific advances で言い換えられている [→解法 2]。風力エネルギーに関して申し立てられている問題点の少なくとも一部（子供に与える健康被害）は医療調査によって示されているので、(A) は間違い。風力タービンのエネルギー産出量は少ないと指摘されているので (B) も誤り。また、風力エネルギーにはいくつかの問題があるものの、話し手は最後に This is not to say that wind power is useless. と言っているので (D) は不可。

☑チェック！重要語句

☐ **promising** 形前途有望な ☐ **nuclear** 名原子力発電 形原子力の、核の ☐ **make use of ～** ～を使用する ☐ **seemingly** 副一見したところ ☐ **infinitely** 副無限に ☐ **renewable** 形再生可能な ☐ **rely on ～** ～に頼る ☐ **generate** 動発生させる ☐ **by contrast** それとは対照的に ☐ **intensify** 動増大する ☐ **sector** 名分野、部門 ☐ **output** 名産出（量） ☐ **coal** 名石炭 ☐ **square mile** 平方マイル ☐ **environmentalist** 名環境保護主義者、環境問題専門家 ☐ **harmful** 形有害な ☐ **hearing** 名聴力 ☐ **technological** 形技術上の ☐ **activism** 名行動主義 ☐ **point to ～** ～を指摘する ☐ **highlight** 動強調する ☐ **ease** 名容易さ ☐ **prospect** 名（将来の）見通し ☐ **groundless** 形根拠のない

Questions 43-46

スクリプト

Listen to the following talk about geology.

This afternoon, I'd like to talk about a fascinating topic: supervolcanoes. The term has become a part of modern language, though it is not yet a scientific term. In any event, supervolcanoes are classified as those whose eruptions eject at least one trillion tons of substances. On the Volcanic Explosivity Index or VEI, they rate an "8," the index's highest level. The ash and dust that is tossed into the atmosphere creates environmental impacts on a scale broad enough to have

31

weather, species and season-altering effects. In fact, a supervolcano eruption may be responsible for the current shared genetic code of humans.

This "Toba Catastrophe Theory" may explain why. The Toba supervolcano eruption—74,000 years ago in Sumatra—had profound effects on our world. The eruption spread dark clouds of ash around the earth, blocking out the sun and causing a winter that lasted several decades. It was not a true "Ice Age," but it was enough to completely kill off many plant and animal species; the entire human population may have dropped well below 10,000. This may have erased much of the genetic variation in the human race, which is why human beings are quite genetically similar to one another today.

The "Toba Catastrophe Theory" is still debated within the scientific community. Some new research suggests that human or pre-human genetic variation was already limited as far back as one million years ago. Whether or not the Toba supervolcano eruption did indeed narrow our genetic variation, it is clear that supervolcano eruptions are powerful enough to, at the very least, change patterns of life on our planet.

スクリプトの訳

地質学についての以下のトークを聞きなさい。

　今日の午後は、興味深いトピック、スーパー火山についてお話ししたいと思います。この用語は、まだ科学用語ではありませんが、現代用語の１つになっています。いずれにしても、噴火の際、少なくとも１兆トンの物質を噴出するようなものがスーパー火山であると分類されています。火山爆発指数またはVEIにおいて、スーパー火山は最も高いレベルである「8」にランク付けされています。大気中に吐き出される灰や粉塵は、気候、生物や季節に変化をもたらすほど大規模な影響を環境に与えます。実際、あるスーパー火山の噴火が、現在人類が共有している遺伝子コードに影響を与えたかもしれないのです。

　それがなぜなのか、この「トバ・カタストロフィー理論」が説明してくれるかもしれません。トバスーパー火山の噴火は、7万4000年前にスマトラで起こり、われわれの世界に大きな影響を与えました。この噴火によって、地球の周囲に拡散した火山灰の暗雲が太陽を遮断し、数十年も続く冬をもたらしました。本物の氷河期ではありませんが、

しかし多くの植物種と動物種を完全に絶滅させるのに十分だったのです。人類の総数も1万人をはるかに下まわった可能性があります。これにより、人類における遺伝的多様性の大部分が抹消されたかもしれず、これが現在、人間同士が遺伝的にそっくりな理由だというのです。

「トバ・カタストロフィー理論」はいまだに科学界では議論の対象になっています。いくつかの新しい研究が、人類または前人類の遺伝的多様性は、遡ること100万年前にはすでにわずかであったと示唆しているからです。トバのスーパー火山の噴火が本当にわれわれの遺伝的多様性の幅を狭めたかどうかはわかりません。しかし明らかなことは、スーパー火山の噴火は少なくとも、この地球上の生態を変化させるのに十分な力があるということなのです。

43. 正解：(B)

質問と訳

What is the main subject of this talk?
このトークの主旨は何ですか。

選択肢の訳

(A) スーパー火山の形成。
(B) 自然現象の結果。
(C) 新たな氷河期の可能性。
(D) 大災害に対する防御。

解説 トークの主旨を聞き取る問題［→解法18］。トークの一部のみではなく、全体を表している選択肢を選ぶ。正解 (B) の a natural event はスーパー火山の噴火を指している。トークは、その結果何が起こったかを説明する内容となっている。

44. 正解：(D)

質問と訳

What does the VEI measure?
VEI は何を測定しますか。

選択肢の訳

(A) 火山の大きさ。
(B) 噴火の頻度。
(C) 環境に対する生物の脆弱性。
(D) 吐き出される物質の量。

解説 VEI という表現が出てきた後、The ash and dust that is tossed into the

33

atmosphere という説明がある。(C) の環境に対する生物の脆弱性については、スーパー火山の噴火による環境の変化のせいで絶滅した生物についての説明が出てくるので間違えやすいが、VEI とは無関係である。

45. 正解：(C)

質問と訳

According to the speaker, why did the human population fall beneath 10,000 in the past?

話し手によると、なぜ過去に人口が 1 万人以下になったのですか。

選択肢の訳

(A) 遺伝的多様性があまりにも少なくなった。

(B) 火山の大爆発が大気を温めた。

(C) 気象条件がとても厳しくなった。

(D) 飢えた動物が生き残った人間を攻撃した。

解説 トークの中盤、The eruption spread dark clouds ... causing a winter that lasted several decades ... から、... the entire human population may have dropped well below 10,000. という部分に答えがある。「数十年続いた冬」というのが (C) にあたる。最も間違いやすいのは (A) であろう。「人類の遺伝的多様性が少なくなった」という情報はトークの中に確かにあるが、これはトバのスーパー火山の噴火による人口減少の結果であるという説で、人口が減少したことの理由ではないことに注意。(B) は事実と反対の内容。

46. 正解：(A)

質問と訳

Why is the Toba Catastrophe Theory still debatable?

なぜ、トバ・カタストロフィー理論にはいまだに議論の余地があるのですか。

選択肢の訳

(A) 人類の生物学的組成は、爆発に先んじていた。

(B) 新しい研究が、爆発は起こらなかったと証明した。

(C) 100 万年前の証拠はさまざまな点において不確かである。

(D) 地球上の生態はいまだ科学者たちに解明されていない。

解説 トーク終盤の、Some new research suggests that human or pre-human genetic variation was already limited as far back as one million years ago. が答えを示している。最近の研究によると、人類の遺伝的多様性はすでに 100 万年前には限られていたため、7 万 4000 年前に起こったトバスーパー火山の爆発とは関係がない、とも考えられているので (A) が正解。genetic variation（遺伝的多様性）が (A)

34

では biological composition（生物学的組成）と言い換えられている。(B) の new research や (C) の one million years ago という表現はトークの中にもあるが、惑わされないようにしよう。

☑チェック！重要語句

☐ **fascinating** 形 魅力的な　☐ **in any event** いずれにしても　☐ **be classified as ～** ～に分類されている　☐ **rate** 動 格付けされる　☐ **toss into ～** ～を投げ入れる　☐ **atmosphere** 名 空気、雰囲気　☐ **species** 名 （生物学上の）種　☐ **responsible for ～** ～に責任がある　☐ **genetic** 形 遺伝の　☐ **profound** 形 深い、深刻な　☐ **block out** 遮る　☐ **decade** 名 10年間　☐ **kill off** 全滅させる　☐ **formation** 名 形成、構造　☐ **probability** 名 確率　☐ **disaster** 名 災害　☐ **frequency** 名 頻度　☐ **magnitude** 名 大きさ　☐ **force out** 強制的に出す　☐ **massive** 形 巨大な　☐ **starving** 形 飢えた　☐ **debatable** 形 議論の余地がある　☐ **biological** 形 生物学的な　☐ **composition** 名 構成　☐ **predate** 動 ～に先んじる

Questions 47-50

スクリプト

Listen to the following talk about American History.

Some of you may know many different African-American boxing champions, from Joe Louis to Muhammad Ali. Like them, Jack Johnson, born in 1878, had impacts on American race relations far beyond sports. When he defeated a white opponent in 1908 to become the first African-American to hold the heavyweight title, America seethed with racial unrest. Many whites in the public and media echoed author Jack London's call for a "Great White Hope," a white man strong enough to beat Johnson. However, Johnson went on to crush a series of Great White Hopes in the ring. When he defeated the greatest "Hope" of all, James Jeffries, many American cities exploded as angry whites attacked jubilant, celebrating African-Americans.

Johnson maddened whites both through his behavior in the boxing ring and outside of it. Johnson smiled and laughed as he pummeled many white fighters, taunting them. Johnson also maintained white lovers and wives—an absolute taboo at the time—and flaunted his wealth and success. Johnson in effect was challenging the system of racial segregation and economic oppression which kept

35

African Americans down.

Public white anger at Johnson grew so great that federal prosecutors felt compelled to move against him. Convicted on dubious charges of immoral behavior in 1913, Johnson fled the country. In our next class, we're going to review more of Johnson's story against the multicultural, internationalized sports of today.

スクリプトの訳

アメリカ史についての以下のトークを聞きなさい。

　君たちの何人かは、ジョー・ルイスやモハメド・アリといった多くのアフリカ系アメリカ人のボクシングチャンピオンを知っているでしょう。彼ら同様、1878 年に生まれたジャック・ジョンソンは、スポーツの枠をはるかに超えてアメリカの人種関係に影響を与えました。彼が 1908 年に白人の対戦相手を倒して、アフリカ系アメリカ人として初めてのヘビー級タイトル保持者になったとき、アメリカは人種問題に関連した騒動で騒然となりました。多くの白人が公の場やメディアで、作家ジャック・ロンドンが述べた、ジョンソンを倒すことができるほど強い白人という意味の「偉大なる白人の希望」という言葉を繰り返しました。しかし、ジョンソンは「偉大なる白人の希望」たちを次々とリングに沈めていったのです。すべての「希望」たちの中で最も偉大だったジェームズ・ジェフリーズを倒したとき、怒った白人たちが大喜びでジョンソンを称えるアフリカ系アメリカ人たちを襲撃し、多くのアメリカの都市は騒乱状態となりました。

　ジョンソンはボクシングリングの中でも外でも、その言動によって白人たちを激怒させました。白人の対戦相手たちを殴るときには、薄ら笑いを浮かべたり笑ったりして、彼らを嘲りました。ジョンソンはまた、当時絶対的なタブーとされていたにもかかわらず、白人の女性を妻や愛人とし、自らの富や成功を見せびらかしました。ジョンソンは実際のところ、アフリカ系アメリカ人を抑圧していた人種差別制度や経済的弾圧に挑戦していたのです。

　白人市民たちのジョンソンに対する怒りは大きく膨れ上がり、連邦検事局は彼を起訴せざるをえない状態にまで追い込まれました。1913 年に、不道徳な行為というあやふやな罪で有罪となったジョンソンは、国外へ逃げました。次の授業では、ジョンソンに関する物語を今日の多文化的な、国際化したスポーツ界と比較して検討したいと思います。

47. 正解：(A)

質問と訳

What does this talk mainly discuss?

このトークは主に何について論じていますか。

選択肢の訳

(A) ある著名人に関する論争。

(B) ボクシングの効果的な戦法。

(C) アメリカの人種差別の源。

(D) アメリカのスポーツ界の腐敗。

解説 トークの主旨を聞き取る問題［→解法 18］。トークでは最初から最後まで、有名なアフリカ系アメリカ人のボクシングチャンピオン、ジャック・ジョンソンについて語られている。(C) は、人種差別については何度も触れられているが、ジョンソンに対する差別がアメリカの人種差別の源だとは述べられていない。

48. 正解：(D)

質問と訳

What was an important effect of the Jeffries-Johnson boxing match?

ジェフリーズ対ジョンソンのボクシングの試合が引き起こした重大な結果は何ですか。

選択肢の訳

(A)「偉大なる白人の希望」がついにタイトルを取り戻した。

(B) 作家たちが、その後に発生したアフリカ系アメリカ人による暴動を批判した。

(C) 異人種間のチャンピオンシップ戦が禁止された。

(D) 全国規模の暴動が発生した。

解説 トーク中盤の When he defeated the greatest "Hope" of all, James Jeffries, many American cities exploded as angry whites attacked jubilant, celebrating African-Americans. を要約した (D) が正解。many American cities というところから (D) の nationwide scale であったことがわかる。(A) の "Great White Hope" であったジェフリーズはジョンソンに負けたので誤り。

49. 正解：(C)

質問と訳

According to the speaker, how did Jack Johnson anger many white Americans?

話し手によると、ジャック・ジョンソンはどのようにして多くの白人アメリカ人を怒らせたのですか。

37

選択肢の訳

(A) メディアに対して微笑むことを拒否した。

(B) 白人の観客を嘲った。

(C) 人種を超えて交際した。

(D) アメリカの法律に挑んだ。

解説　Johnson also maintained white lovers and wives—an absolute taboo at the time ... を言い換えた (C) が正解。(B) は、彼が嘲ったのは対戦相手であり、観客ではないので誤り。(D) は、トークで Johnson in effect was challenging the system of racial segregation ... と述べられているが、「法律に挑戦した」と明確には述べられていないので不可。

50. 正解：(B)

質問と訳

What will be the main topic of the next lecture?

次の授業の主題は何になりますか。

選択肢の訳

(A) 現代のボクシング界でも続いている問題点。

(B) 異なる時代間の比較。

(C) スポーツ選手たちの不道徳な行為。

(D) スポーツの経済学。

解説　トークの後に来る情報を推測する問題［→解法 17］。最後の In our next class, we're going to review more of Johnson's story against the ... sports of today. を要約した (B) が正解。Johnson's story（ジョンソンの物語）と sports of today（今日のスポーツ界）が、(B) の different eras（異なる時代）を意味する。

✓チェック！重要語句

□ **race** 名人種　□ **racism** 名人種差別　□ **far beyond〜** 〜をはるかに超えて　□ **opponent** 名対戦相手、敵　□ **seethe** 動興奮する　□ **unrest** 名不安、混乱　□ **echo** 動繰り返す、反響させる　□ **jubilant** 形大喜びの　□ **madden** 動激怒させる　□ **pummel** 動拳で殴る　□ **taunt** 動嘲る　□ **flaunt** 動誇示する　□ **in effect** 事実上　□ **racial segregation** 人種差別　□ **oppression** 名抑圧　□ **keep down** 押さえつけておく　□ **federal** 形連邦政府の　□ **prosecutor** 名検察官　□ **compel** 動強制的に〜させる　□ **convicted on〜** 〜で有罪判決を受ける　□ **dubious** 形怪しげな　□ **charge** 名嫌疑　□ **flee** 動逃げる《flee-fled-fled と変化》　□ **multicultural** 形多文化の　□ **internationalized** 形国際化した　□ **controversy** 名論争、論議　□ **corruption** 名不正、腐敗　□ **riot** 名暴動　□ **break out** 発生する　□ **interracial** 形異人種間の　□ **ban** 動禁止する　□ **on nationwide scale** 全国的な規模で　□ **spectator** 名観客　□ **ongoing** 形進行している　□ **era** 名時代　□ **immorality** 名不道徳

38

Section 2: Structure and Written Expression

Structure

1. 正解：(A) --

完成文と訳

<u>Regardless</u> of rising energy costs, large cars remain popular with a significant portion of the population.

燃料費が上がっているにもかかわらず、大型車は多くの人々の間で人気を保っている。

解説 regardless of ～で「～であるにもかかわらず」の意味。(B) は Since があるため副詞節を作るが、副詞節の動詞がないので不可 [→解法 23]。(D) の In order to (～するために) を使うには、直後に動詞の原形が必要。

☑ チェック! 重要語句

□ **a significant portion of ～** ～の大部分

2. 正解：(D) --

完成文と訳

Deson and Klein, <u>one of the most popular department stores in the city</u>, sold so much furniture that it had to take on an additional supplier.

この街で最も有名な百貨店の１つであるデソン＆クラインは、数多くの家具を売ったので、追加の仕入先を獲得しなければならなかった。

解説 (D) を選択すると、空所が主語 Deson and Klein の同格となる [→解法 20]。One of the most ～ (最も～なものの１つ) という表現では、直後に来る名詞が複数形でなければならないことにも注意。２つの百貨店を比較しているわけではないので、more を使っている (A) と (C) は不可。(B) は前置詞の by が含まれているのがおかしい。

☑ チェック! 重要語句

□ **supplier** 名 仕入先、納入業者

3. 正解：(D) --

完成文と訳

During the 1920s economic boom, even <u>more cautious</u> Americans became interested in purchasing stocks on margin.

1920 年代の好景気の間、かなり用心深いアメリカ人でさえ株式の信用買いに興味を持つようになった。

39

解説 空所の直後に名詞 Americans があるので、空所にはこれを修飾する形容詞が入ると判断できる［→解法 35］。(A) と (C) にある caution は名詞「注意」または動詞「警告する」で、Americans を修飾しないので不可。Americans は複数形なので、単数を表す不定冠詞 a を含む (B) も不可。

☑ チェック！重要語句

□ **economic boom** 好景気　□ **on margin** 信用取引で

4. 正解：(C)

完成文と訳

The mane of hair around a male lion's neck, causing its body temperature to rise, may have no purpose other than mate attraction.

雄のライオンの首まわりにあるたてがみは、ライオンの体温を上げる原因とはなるが、雌を惹きつけること以外に存在理由がない可能性がある。

解説 問題文には主語 The mane（たてがみ）に対応する動詞がないので、空所には動詞を入れる［→解法 19］。(A) は which、(B) は that から始まる従属節なので不可［→解法 24］。(D) には動詞がない。

☑ チェック！重要語句

□ **mate** 名つがいの片方、仲間

5. 正解：(B)

完成文と訳

Scientists have established that the universe, which has been expanding since its inception, will ultimately find a limit.

科学者たちは、誕生以来膨張し続けている宇宙が最終的には限界に達するということを立証してみせた。

解説 主節の主語は Scientists、動詞は have established である。that 以下は have established の目的語となる名詞節となっている。この名詞節の中での主語は the universe で、動詞が will ... find という構造である。空所には名詞 the universe を説明する関係代名詞節である (B) を入れる［→解法 24］。(A) や (D) は動詞であり、従属節を導く接続詞がないために不可。(C) を入れると、the universe と the expansion という名詞が並び意味が通らない。また前置詞 of の後に since its inception ... と続くのもおかしい。

☑ チェック！重要語句

□ **establish** 動立証する　□ **inception** 名開始

6. 正解：(B)

完成文と訳

Mark Twain often sharply commented on various aspects of 19th Century American life, particularly war, slavery and religious extremism.

マーク・トウェインはしばしば、19世紀のアメリカ人の生活のさまざまな側面、特に戦争、奴隷制度や宗教上の過激主義について鋭い意見を述べた。

解説 問題文には主語 Mark Twain に対する動詞がないので、空所には動詞が必要［→解法 19］。(A) を入れると受動態になるが、was の位置がおかしい。(C) は動詞になりうるが、過去形を表す -ed がないので不可［→解法 19］。(D) の been は be 動詞の過去分詞だが、過去分詞＋現在分詞 commenting で表される時制はない。「〜に対する意見を述べる」は comment on と前置詞 on が必要であることも確認しておこう。

☑ チェック！重要語句

□ **aspect** 名様子、側面　□ **particularly** 副特に　□ **slavery** 名奴隷、奴隷制度

7. 正解：(A)

完成文と訳

Both Adam Smith and Karl Marx acknowledged the productivity of capitalism although their respective views differed on its sustainability.

アダム・スミスとカール・マルクスは共に資本主義の生産性については認めていたが、その持続可能性についてはそれぞれ異なる意見を持っていた。

解説 まず、主節には主語 Adam Smith and Karl Marx と動詞 acknowledged（承認した）があることを確認する［→解法 19］。although 以下は副詞節だが、differed on（〜について異なる）という動詞があるものの、主語がないので、空所には主語になりうるものを探す［→解法 23］。所有格代名詞と形容詞が名詞を修飾している場合の語順は、所有格代名詞＋形容詞＋名詞なので (A) が正解。(C) は views が名詞と考えると、副詞 respectively（それぞれに）は名詞を修飾せず、動詞と考えると空所に動詞は不要なので不可。(D) の view も目的語 theirs をとる動詞のように見えるが、空所に動詞は不要。

☑ チェック！重要語句

□ **productivity** 名生産性　□ **capitalism** 名資本主義　□ **sustainability** 名持続可能性

8. 正解：(C)

完成文と訳

That liquids boil at lower temperatures on higher-altitude mountains is a result of lower air pressures.

液体が、より高度の高い山ではより低い温度で沸騰するというのは、空気圧が低いことが原因である。

解説 空所に名詞節を導く (C) That を挿入すると、That ... mountains のすべてが動詞 is に対応する主語になることができる [→解法 25]。ほかの選択肢もすべて従属節を導く接続詞であるが、(A) Which は関係代名詞節を、(B) Because と (D) Since は副詞節を導くので不可 [→解法 23、24]。

☑ チェック! 重要語句
□ altitude 名高さ

9. 正解：(D)

完成文と訳

The Incas, who were a civilization in modern-day Peru, maintained careful grain reserves as a protection against droughts, storms or other such difficulties.

現代のペルーに存在していた文明人であるインカ人は、干ばつや嵐やほかの似たような困難に対する防御として、穀物の蓄えを注意深く維持していた。

解説 まず、問題文に主語 The Incas（インカ人）と動詞 maintained（維持する）があることを確認しておく [→解法 19]。(D) を空所に挿入すると The Incas を修飾する関係代名詞節を作ることができる [→解法 24]。関係代名詞はこのようにカンマで区切ることができ、これはこの関係代名詞が修飾している名詞の補足説明をしていることを意味する（これを関係代名詞の継続用法と言う。カンマがない場合は、関係代名詞節が修飾している名詞がどういうものなのかを詳しく限定するという意味で、限定用法と呼ばれる）。(A) と (B) は名詞節なので不可 [→解法 25]。(C) には主語と動詞があるだけで、従属節を導く接続詞がない。

☑ チェック! 重要語句
□ civilization 名（特定の）文明人、文明　□ grain 名穀物　□ reserve 名蓄え、蓄積
□ protection against ～　～に対する防御　□ drought 名干ばつ

10. 正解：(C)

完成文と訳

On the muddy marshland of northeastern Russia was constructed the engineering marvel of St. Petersburg, a city that many critics of the time claimed was impossible to build.

ロシア北東部の泥だらけの湿地帯に、当時多くの評論家が建造は不可能だと主張した街である、サンクト・ペテルブルグが驚異的な技術をもって建設された。

解説 文頭に、On the muddy marshland of northeastern Russia という場所を表す

42

表現があるので、倒置を行う［→解法 26］。また、街は建設「された」ので受動態が必要となり、(C) が正解［→解法 33］。この文の主語は the engineering marvel、動詞は was constructed である。

☑ チェック！重要語句
□ **marvel** 名驚異　□ **critic** 名批評家　□ **claim** 動主張する　□ **constructively** 副前向きに

11. 正解：(A)

完成文と訳

The Bauhaus Art Movement reflected both the confusion and rejection of tradition that characterized the Weimar Republic.
バウハウス芸術運動は、混乱、そして伝統に対する拒絶反応という、ワイマール共和国を特徴づける両方を反映していた。

解説　both A and B があるので、並列構造を作る［→解法 38］。A に相当する confusion（混乱）が名詞なので、空所にも名詞相当語句が必要。(A) を入れると rejection of tradition（伝統に対する拒絶）という名詞句になり、これが both A and B の B に相当する。

☑ チェック！重要語句
□ **characterize** 動特徴づける

12. 正解：(C)

完成文と訳

When any object approaches the speed of light, time "slows down" in relation to other objects.
どんな物体であれ、それが光速に近づいてくると、時間はほかの物体との関係において「遅く」なる。

解説　主節に、主語 time と動詞 slows down があることをまず確認しておく。問題文の最初の部分は、When で始まりカンマで終わっているので、ここは副詞節である［→解法 23］。副詞節にはすでに動詞 approaches（近づく）があるので、空所には主語が必要。(B) many objects は複数形なので、三人称単数を表す -s（この場合は -es）がついている動詞 approaches と一致しない。(A) と (D) には動詞 is があるので不可。

☑ チェック！重要語句
□ **in relation to ～** ～との関係で

43

13. 正解：(B)

完成文と訳

The eyes of nocturnal predators such as owls intensify ambient light, <u>and the resulting effect is</u> similar to an infrared vision device.

フクロウなどの夜行性捕食動物の目は、周囲の光を増強させ、結果として赤外線視察装置のような効果を持つ。

解説 問題文の前半には主語 The eyes と動詞 intensify（増強させる）があり、カンマで終わっている。空所に (B) の等位接続詞 and ＋主語 the resulting effect ＋動詞 is を挿入することにより、カンマと等位接続詞でつながれた 2 つの節を作ることができる ［→解法 22］。(A) の if と (D) の because は、副詞節を導く接続詞なので不可 ［→解法 23］。(C) の yet は等位接続詞であるが、affect が「影響を及ぼす」という動詞なので不可。名詞 effect（効果）と動詞 affect（影響を与える）は間違えやすいので注意。

☑チェック！重要語句
□ **nocturnal** 形夜行性の　□ **predator** 名捕食動物　□ **ambient** 形周囲の　□ **infrared** 形赤外線の

14. 正解：(D)

完成文と訳

Rarely <u>does the United States Supreme Court hear cases</u>, accepting only those which could have relevance to the Constitution.

アメリカ合衆国最高裁判所は、憲法に関連している可能性のある訴訟しか受理しないので、審理を行うことはまれである。

解説 否定を表す Rarely（めったに～しない）が文頭にあるので、主語と動詞の倒置が起こる ［→解法 27］。主語 the United States Supreme Court が三人称単数なので、does を主語の前に持ってくることで倒置を行う。主語の後に残る動詞 hear から三人称単数の -s が消えることに注意。(A) は倒置していない。(B) は否定を表す does not が含まれているので不適切。rarely のような副詞がある場合、それ以外の否定表現は使用されない。(C) は do が主語と一致しない。

☑チェック！重要語句
□ **have relevance to ～** ～に関連する　□ **hear** 動審理する　□ **case** 名訴訟

15. 正解：(C)

完成文と訳

One of the most popular musicals worldwide, *Oklahoma*, may not have won many awards <u>had Rogers and Hammerstein not composed its memorable songs.</u>

44

ロジャーズとハマーシュタインが記憶に残る歌を作曲しなければ、世界的に最も有名な
ミュージカルの１つである「オクラホマ」は多くの賞を勝ち得ることはなかっただろう。

解説 空所の前に may not have won という動詞があることから、空所には過去の
事実に反する仮定法が入ることがわかる。選択肢に使用されている単語を使って、
過去の事実に反する仮定法の文を作ってみると、... *Oklahoma*, may not have won
many awards if Rogers and Hammerstein had not composed its memorable songs と
なる。(D) は接続詞 if が使われているが、過去の事実に反する仮定法では if 節が過
去完了形になるので did not では不可。他の選択肢には if がないので、これが省略
されている可能性を考える。if が省略されると倒置が起こり、その場合の語順が正
しいのは (C) である［→解法 28］。

☑ **チェック！重要語句**

□ **win** 動獲得する

45

Written Expression

16. 正解：(D) registers → registered

正しい文と訳

Some American state primary elections are open to all voters, while others are open only to registered party members.

アメリカのいくつかの州における予備選挙はすべての有権者に開かれているが、ほかの州の予備選挙では登録されている党員しか投票できない。

解説 「登録されている党員たち」という意味にする必要があるため、(D) を registered と過去分詞にすることで分詞形容詞にする［→解法 36］。

☑ チェック！重要語句
□ **voter** 名有権者 □ **party** 名政党

17. 正解：(B) have being observed → have been observed

正しい文と訳

Otters are one of the few animals which have been observed using tools, such as breaking open shells with rocks.

カワウソは、貝を石でこじ開けるなど、道具を使っているところが観察されたことのある、数少ない動物の一種である。

解説 完了形では、動詞 have の直後に来る動詞は過去分詞でなければならないので、have been observed とする［→解法 34］。

☑ チェック！重要語句
□ **observe** 動観察する □ **break open** こじ開ける

18. 正解：(B) effectively → effective

正しい文と訳

Height is effective as an indicator of mountain age since erosion reduces mountain size over great spans of geological time.

地質年代の長大な流れの中で、浸食作用が山のサイズを小さくするため、山の高度は山の古さを表す指標として有効である。

解説 (B) の副詞 effectively は連結動詞である is の直後にあるので、effective と形容詞にする［→解法 35］。

☑ チェック！重要語句
□ **indicator** 名指標 □ **erosion** 名浸食作用、腐食作用 □ **geological** 形地質学の

19. 正解：(B) have required long → have long required

正しい文と訳

Federal regulators <u>have long required</u> various ingredient labels on foods while usually stopping short of outright restrictions.

連邦当局は長年にわたり、食料品にさまざまな成分表示を行うよう義務づけているが、徹底的に規制するにはいたっていない。

解説 副詞は文のさまざまな場所に使用することができるが、動詞と目的語の間に入ることはできないので、(B) の long は have long required として動詞の間にはさまなければならない [→解法 35]。このように、2 つ以上の動詞が同時に使われている場合、動詞の間に副詞を入れるのは最も自然であると考えられている。long は形容詞も副詞も同じ形で、longly という副詞が存在しないことにも注意。

☑チェック！重要語句
□ **regulator** 名規制（当局）者 □ **ingredient** 名原料 □ **outright** 形完全な □ **restriction** 名制限、規制 □ **stop short of ～** ～するまでにはいたらない

20. 正解：(A) Born on → Born in

正しい文と訳

<u>Born in</u> Amherst, Massachusetts, Emily Dickinson made a marked impact on the development of American poetry.

マサチューセッツ州アマーストに生まれたエミリー・ディキンソンは、アメリカにおける詩の発展に著しい影響を与えた。

解説 「～で生まれる」は born in ～。前置詞について問われる場合、①間違った前置詞が使われているものと、②あるべき前置詞がないもの、の 2 種類に大別することができる。この問題は①に関するもの。

☑チェック！重要語句
□ **make an impact** 影響を与える □ **marked** 形際立った

21. 正解：(C) much largest scale → much larger scale

正しい文と訳

As evidenced by the power of the sun, the fusion of atoms creates energy on a <u>much larger scale</u> than the fission.

太陽の威力からも明らかなように、原子の融合は分裂よりはるかに大きなエネルギーを作り出す。

解説 fusion（融合）と fission（分裂）という 2 つのものを比べているので、最上級 largest ではなく比較級 larger を使う [→解法 37]。

47

☑ チェック！重要語句

□ atom 名原子

22. 正解：(B) regular → regularly

正しい文と訳

Humpback whale calves have weak lungs, so they must surface <u>regularly</u> every few minutes or so.

ザトウクジラの子どもは肺が弱いので、約数分ごとに定期的に水面に浮上しなければならない。

解説 形容詞の (B) regular は、動詞 surface を「定期的に」と修飾するためには -ly をつけて副詞にしなければならない［→解法 35］。calves は calf（〈クジラなどの〉子ども）の複数形。surface は通常、名詞の「表面」という意味で使われるが、問題文のように「水面に浮上する、表面に出る」の意味で動詞としても使われるので注意。

☑ チェック！重要語句

□ or so 〜ほどで

23. 正解：(D) researcher → research

正しい文と訳

Economics is considered the "queen of the social sciences" because it employs objective, statistical methods of <u>research</u>.

経済学は客観的で統計にもとづく研究手法を用いるので、「社会科学の女王」とされている。

解説 researcher は「研究者」だが、ここでは methods of 〜で「〜の方法」の意味なので、research を入れ「研究方法」とするのが適切。methods of analysis（分析方法）、methods of production（生産方法）などと同様。このように、物を表す名詞が必要な場合に人を表す名詞が使われていたり、逆に、人を表す名詞が必要な場合に物を表す名詞が使われていることがあるので注意しよう［→解法 39］。

☑ チェック！重要語句

□ be considered 〜 〜と考えられる □ social science 名社会科学（分野） □ employ 動使用する □ objective 形客観的な □ statistical 形統計（学）の

24. 正解：(B) marginal → marginally

正しい文と訳

During the Vietnam War, American troop levels built up <u>marginally</u> each year until they eventually numbered over 500,000.

ベトナム戦争中、アメリカ軍の人数は、最終的に合計 50 万人以上になるまで毎年少しずつ増えていった。

解説 形容詞の (B) marginal は、動詞句 built up を「少しずつ」と修飾するために -ly をつけて副詞にする必要がある［→解法 35］。level は通常、名詞「水準」として使用されることが多いが、troop level で「部隊の人員、兵力」という意味になる。また number は名詞「数」だけでなく、問題文のように動詞「合計～になる」としても使える。

☑チェック！重要語句
□ **troop** 名（人などの）群れ、軍隊　□ **eventually** 副最終的には

25. 正解：(B) he conceiving → he conceived / conceiving
正しい文と訳

Alan Turing provided the theoretical basis for the modern computer as <u>he conceived [conceiving]</u> of a device that could manipulate symbols automatically.
アラン・チューリングは、自動的に記号を操作できる機器を考え出したことによって、現代のコンピューターの理論的基礎をもたらした。

解説 as 以下は副詞節。副詞節には主語と動詞が必要なので、主語 he に対する動詞として、動詞 conceive（conceive of で「考え出す」）の現在分詞 conceiving ではなく過去形 conceived と修正する。主節の動詞が provided と過去形になっていることから、副詞節の時制も過去形に一致させることが必要。また、主節の主語と副詞節の主語が同一の場合、副詞節の主語を省略して、動詞を現在分詞にすることも可能。下線部 (B) は conceiving のみでもよい。

☑チェック！重要語句
□ **theoretical** 形理論的な　□ **modern** 形現代の　□ **conceive of ～** 　～を考え出す
□ **manipulate** 動操作する

26. 正解：(D) gains → gain
正しい文と訳

Shareholders in a publicly-traded corporation do not have direct rights to profits but may either sell their stock for a capital <u>gain</u> or receive any announced dividends.
株式公開企業の株主は、企業利益に対する直接的な権利は持たないが、資本利得のために自分の株式を売却するか、発表された配当金を得ることができる。

解説 (D) gains の 2 語前に、単数名詞であることを表す不定冠詞 a があるので、gain と直す。直前の capital（資本の）という形容詞によって a を見落とさないように注意しよう。

49

☑ **チェック！重要語句**

□ **shareholder** 名株主　□ **publicly-traded corporation**　株式公開企業　□ **dividend** 名
配当（金）

27. 正解：(A)　an unique → a unique

正しい文と訳

Mozart was a unique composer who insisted on writing some of the first pieces of classical music in German.

モーツァルトは、自分の最初の何曲かのクラシック音楽をドイツ語で書くことにこだわった、めずらしい作曲家であった。

解説　unique［juːníːk］の最初の文字は母音字 u だが、発音は子音で始まるので、不定冠詞は an ではなく a を使う［→解法 30］。また、music（音楽）は不可算名詞なので数えるには (D) pieces of が必要となることも確認しておこう。

☑ **チェック！重要語句**

□ **composer** 名作曲家　□ **insist on ～**　～することを強く主張する　□ **piece** 名曲、作品

28. 正解：(C)　its → their

正しい文と訳

Both elephants and tortoises may live to be well over 100 years old by conserving energy through their slow metabolic processes.

ゾウとカメはどちらも、ゆっくりとした新陳代謝の中でエネルギーを温存することによって、100 歳を優に超えて生きることがある。

解説　主語は elephants and tortoises（ゾウとカメ）なので、(C) の代名詞は its ではなく their でなければならない。代名詞に下線が引かれている場合は、必ず指示対象と一致しているかを確かめるようにしよう［→解法 31］。

☑ **チェック！重要語句**

□ **conserve** 動保存する、節約する　□ **metabolic** 形（新陳）代謝の

29. 正解：(A)　has → have

正しい文と訳

There have been several periods of worldwide glaciations in the geological history of the earth, with the next one due in approximately 15,000 years.

地球の地質学的歴史において何度かの全球凍結の時代があったが、次の全球凍結は約 1 万 5 千年以内に起こるとされている。

解説　There は仮主語で、本当の主語は periods（時代）という複数名詞。主語と動詞を一致させるために (A) has を have に直す必要がある。主語と動詞があること

を確認した後は、必ずそれらが一致しているかどうかにも注意しよう［→解法 19］。

☑チェック！重要語句
□ **glaciation** 名氷河作用　□ **due** 形〜する予定である

30. 正解：(A)　either → and

正しい文と訳

European feudalism involved complex relationships of responsibility between lords <u>and</u> serfs which were to be fixed indefinitely.

ヨーロッパの封建制度は、領主と農奴の間の永久に続くべき、複雑な権利義務関係を伴っていた。

解説　between A and B で「A と B の間」。問題中に between という表現が出てきたら、その後に and があることを確認しよう［→解法 38］。

☑チェック！重要語句
□ **feudalism** 名（中世の）封建主義　□ **lord** 名（中世の）封建領主、貴族　□ **serf** 名（中世の）農奴　□ **indefinitely** 副無期限に、永久に

31. 正解：(B)　yet → but

正しい文と訳

America has been plagued not only with a high crime rate <u>but</u> high recidivism, with many criminals released from prison tending to reoffend.

アメリカは、刑務所から釈放された犯罪者の多くが再び罪を犯す傾向にあるため、高い犯罪率だけでなく、高い再犯率にも悩まされている。

解説　not only A but (also) B で「A だけでなく B も」。問題中に not only という表現が出てきたら、その後に but (also) があることを確認する。A と B は並列になる［→解法 38］。

☑チェック！重要語句
□ **be plagued with 〜** 〜に悩まされる　□ **recidivism** 名常習的な犯行　□ **tend to 〜** 〜する傾向がある

32. 正解：(B)　appeared → appearing

正しい文と訳

Anna May Wong became the first Asian American acting star, <u>appearing</u> in feature films such as *The Thief of Baghdad* and *The Toll of the Sea*.

アンナ・メイ・ウォンは、「バグダッドの盗賊」や「恋の睡蓮」といった長編映画に出演したことによって、アジア系アメリカ人初の演劇界のスターとなった。

51

解説 問題文の最初の部分にはすでに主語 Anna May Wong と動詞 became がある
ので、下線部 (B) をこのまま残すと、動詞が2つあるように見えてしまう。そこで、
appeared を現在分詞 appearing に直し、付帯状況を表す分詞構文を作る。

☑チェック！重要語句
□ **feature film** （映画の）代表作、長編映画

33. 正解：(A) collapse → collapsed

正しい文と訳

As Imperial Rome <u>collapsed</u>, the roads it had built throughout Britannia fell into
disrepair and would not be improved for many centuries afterward.
ローマ帝国が崩壊したことにより、帝国がブリタニア中に敷設してきた道路は荒廃し、
その後何世紀も修繕されることはなかった。

解説 時制の一致に関する問題。the roads it had built ... という過去完了形［→解
法 34］や、fell into disrepair という過去形があるので、ほかの動詞も過去形でなけ
ればならず、(A) collapse を collapsed とする。and 以下に使われている助動詞
would は、過去から見た未来を表している。

☑チェック！重要語句
□ **imperial** 形帝国の　□ **collapse** 動崩壊する　□ **fall into disrepair** 荒れる
□ **afterward** 副その後

34. 正解：(D) evolved → evolve

正しい文と訳

The mass extinction of the dinosaurs created opportunities for small mammals,
including those that would ultimately <u>evolve</u> to become humans.
恐竜の集団絶滅は、最終的には進化して人間になるものも含め、小型の哺乳類にチャ
ンスを与えた。

解説 (D) evolved は直前に助動詞 would があるので、原形 evolve でなければな
らない［→解法 32］。副詞 ultimately（最終的には）があることで惑わされないよ
う注意。

☑チェック！重要語句
□ **mass extinction** 大量絶滅　□ **dinosaur** 名恐竜　□ **create an opportunity for 〜** 〜
に機会を与える　□ **mammal** 名哺乳類

35. 正解：(A) emerges → emergence

正しい文と訳

The <u>emergence</u> of a global service industry in the United States dramatically

52

reduced the size of the country's industrial base.

世界規模のサービス産業のアメリカ合衆国への参入は、国内の産業基盤の規模を劇的に縮小させた。

解説 (A) emerges は、動詞 emerge（出現する）に s をつけたものであるが、定冠詞 The と前置詞 of にはさまれているので、ここは名詞でなければならない。emerge の名詞形は emergence（出現、参入）である。

☑チェック！重要語句
□ **industrial base** 産業基盤

36. 正解：(A) lie → lay --

正しい文と訳

A sea turtle may <u>lay</u> hundreds of eggs in a single beach nest, but predators ensure that only a tiny fraction of these will survive.

ウミガメは、海辺の巣１つあたりに数百個の卵を産みつけることがあるが、捕食動物によって、そのほんの一部しか生き残らないようになっている。

解説 「卵を産みつける」は lay eggs である。動詞 lay（産卵する）と lie（横たわる）は混合しやすいので注意。

☑チェック！重要語句
□ **ensure** 動保証する　□ **a tiny fraction of ～** ～のほんの一部

37. 正解：(B) cynicism → cynical --

正しい文と訳

Machiavelli's *The Prince* may be considered a work of blatant and <u>cynical</u> realism, but it is still studied in universities around the world.

マキャベリの『君主論』は、あからさまでひねくれた現実主義の産物とも見ることができるが、いまだに世界中の大学で学ばれている。

解説 形容詞 blatant（あからさまな）の後に and があるので、これに続くものは blatant と並列構造でなければならない［→解法 38］。(B) cynicism（皮肉）は名詞なので、これを形容詞 cynical（皮肉な）と変え、blatant and cynical で realism（現実主義）を修飾する。また名詞 realism が直後に来ていることからも、(B) はこれを修飾する形容詞でなければならないことがわかる。

38. 正解：(B) who → which / that ---

正しい文と訳

Persistent microorganisms <u>which [that]</u> invade the human body are treatable

53

through targeted doses of antibiotics.

人体に侵入してくるしつこい微生物は、的をしぼった抗生物質の投与によって治療することができる。

解説 (B) who 以下の関係代名詞節は microorganisms（微生物）を修飾しているが、微生物は人ではないので、人以外を表す which または that を使わなければならない［→解法 24］。

☑チェック！重要語句
□ **persistent** 形持続性の、しつこい　□ **invade** 動侵入する　□ **treatable** 形治療可能な
□ **dose** 名（薬の）一服　□ **antibiotics** 名（通常複数形で）抗生物質

39. 正解：(B) favorite → favor

正しい文と訳

Many environmentalists now <u>favor</u> urban density since city sprawl has proved to create heavier commuter car pollution.

都市のスプロール現象は通勤自動車によるより深刻な大気汚染を引き起こすことが証明されたので、多くの環境保護主義者は現在では都市部への密集を支持している。

解説 独立節である前半部分の主語 environmentalists（環境保護主義者）に対する動詞がないので、形容詞である (B) favorite（気に入っている）を動詞 favor（賛成する、好む）に変える［→解法 21］。なお city sprawl（スプロール現象）とは、都市部から郊外へ無秩序に市街地を拡大していくこと。

☑チェック！重要語句
□ **density** 名密度　□ **sprawl** 名広がり　□ **commuter car** 通勤自動車

40. 正解：(C) best → better

正しい文と訳

Quantum mechanics appears to explain cosmic black hole features much <u>better</u> than Newtonian principles.

量子力学は、宇宙のブラックホールの特徴を、ニュートンの法則よりもずっとうまく説明しているように見える。

解説 Newtonian principles（ニュートンの法則）の直前に than があること、また、Quantum mechanics（量子力学）と Newtonian principles の 2 つが比較されていることから、最上級 best ではなく比較級 better が適切であるとわかる［→解法 37］。

☑チェック！重要語句
□ **cosmic** 形宇宙の、無限の　□ **principle** 名原理、法則

54

Section 3: Reading Comprehension

Questions 1-10

パッセージの訳

1 アメリカの有機食品業界は、2002 年から 2007 年の間に 132 パーセント拡大した。同様に、欧州連合の高官が 2010 年に発表した報告書も、有機食品の輸入量は上昇する可能性が高いと述べている。これは多くの市民が自分たちの消費判断において、環境への影響を意図的に考慮に入れているためである。消費者の間で育ってきている環境への関心に対応するために、有機栽培農家は効率を優先しなくなってきている。効率よりも、地域社会や自然、人々の健康といったものを優先するようになってきたのだ。

2 家畜の保護が、有機農法の中核をなしている。栽培家自身によって掲げられたこの目標は、成長促進剤やその他の合成原料が家畜の餌に含まれない、ということを意味している。家畜はまた、快適な住まいと牧場を与えられ、可能なかぎり苦しまないように食肉処理される。家畜の疾病は、獣医が与える薬品のみによってではなく、日々適切に面倒を見ることによって治療される。抗生物質の使用は推奨されていない。有機農法はまた、自然に対する影響を最小限にし、生物学的多様性を維持することを大切にしている。そのため、化学農薬や化学肥料の使用が敬遠されている。その代わり、農家は堆肥などの、天然肥料を使用している。有機農家はまた、輪作を行ったり、休耕によって土地を休ませたりもする。遺伝子組み換え作物は有機農法では禁止されている。

3 この最後の点については異論も唱えられている。遺伝子組み換え食品はより安価に育てることができ、遺伝的に強化されているため、より丈夫でもある。より純粋な、しかしより脆弱な有機栽培食品に比べると、寒さ、嵐や干ばつ、またはその他の厳しい環境条件の下でも生き延びることができる。そのため、遺伝子組み換え食品の生産量は大幅に高くなる。支持者はまた、遺伝子組み換え食品は石油やリン酸の枯渇を軽減すると断言し、世界の飢餓問題への解決法となり得ると主張する。

4 しかし、遺伝子組み換え食品の懐疑論者は、遺伝子組み換え食品の有害性は数十年経たなければ明らかにならない可能性があると警告する。しかも、彼らは遺伝子組み換え食品会社——大抵は西側の農業関連企業である——が、発展途上の農業国を経済的に支配するようになる可能性を指摘している。反対に、有機農法は持続可能で地域固有の農法や資源を活用する。このような議論が存在するため、有機食品と遺伝

55

子組み換え食品のどちらも消費者市場において最終的な優位を得るにはいたっていない。むしろ世界の食品市場は、これら2つの間である程度のバランスをとる方向へ向かっていると言えるかもしれない。

1. 正解：(C)

質問・選択肢の訳

このパッセージは主に何と関係していますか。

(A) 前世紀中に起こった農業の変化

(B) 最大の食品輸出市場の分析

(C) ある生産方法の特徴

(D) 化学添加物の安全基準の要素

解説 ... mainly concerned about? という質問なので、主旨を問う問題［→解法40］。パッセージ全体が、有機農法の特徴についての説明となっている。certain production methods が有機農法を指す。遺伝子組み換え食品への言及もあるが、あくまでも有機農法と比較することによって、有機農法の特徴を際立たせるためである。

2. 正解：(B)

質問・選択肢の訳

第1段落で、筆者は以下のどの点を強調するために統計データを用いていますか。

(A) それ以前に紹介された情報が広く知られていないこと。

(B) この数字が重要な傾向線を裏付けていること。

(C) 指標が、需要を超えた余剰を示唆していること。

(D) 異なる国や地域が、矛盾するデータを発表していること。

解説 パッセージ冒頭の The American organic food sector expanded by 132% between 2002 and 2007. という部分が問題となっている統計データである。この後、アメリカのみならず欧州連合でも有機食品が消費者に好まれている、という情報につながっていくため、有機食品が流行しているという傾向を裏付けるために統計データが使われていると考えられる。

3. 正解：(A)

質問・選択肢の訳

「彼ら自身によって掲げられたこの目標」というフレーズは、以下のどれに関係していますか。

(A) 生物に対する人道的な扱い

(B) より安価な代替有機食品の供給

56

(C) 非有機食品からの添加物の除去

(D) 動物虐待を取り締まるより厳しい法律の必要性

解説 細部を問う問題［→解法 43］。8 行目に This self-proclaimed aim（彼ら自身によって掲げられたこの目標）とあることから、「目標」の内容は、このフレーズより前に説明されていることが推測できる。このフレーズの直前に Animal welfare とあり、welfare を humane treatment、Animal を living creatures で言い換えている (A) が正解。

4. 正解：(A)

質問・選択肢の訳

有機農法の特徴として述べられていないのは以下のどれですか。

(A) 絶滅寸前の家畜種の識別

(B) 人工的刺激剤の回避

(C) 広々とした場所を家畜に提供すること

(D) 家畜を慈悲深いやり方で殺すこと

解説 書かれていない内容を問う問題［→解法 44］。誤った選択肢（＝パッセージに書かれている内容）を 1 つずつ潰していく。9 行目の growth promoters ... are absent が (B) と、10 行目の adequate shelter and pasture が (C) と、その後の slaughtered as painlessly as possible が (D) と同じ内容になっている。

5. 正解：(D)

質問・選択肢の訳

9 行目の単語 "synthetic" に最も近い意味を持つのは

(A) 破壊できない

(B) 理解できない

(C) 有毒な

(D) 製造された

解説 語彙に関する問題。synthetic は「合成の、人工の」という意味を持つので、(D) manufactured（製造された＝人工的に作られた）が正解。synthetic の意味を知らない場合でも、文中からヒントを探すことができる［→解法 47］。growth promoters or other synthetic ingredients の or は、前にある表現の言い換えを synthetic ingredients で行っているということなので、or の前の growth promoters（成長促進剤）と同じような人工的なものであると推測できる。

57

6. 正解：(C)

質問・選択肢の訳

第2段落の構成を最もよく特徴づけているのは以下のどれですか。

(A) 相反する学説の比較

(B) ある主張に関する詳細な事例研究

(C) 一般的慣習の一覧

(D) ある意見に対する反論

解説 パッセージの構成を問う問題［→解法41］。第2段落では、「動物を大切に扱う」、「成長促進剤を使わない」など、有機農法で一般的に行われている慣習を数多く紹介している。

7. 正解：(B)

質問・選択肢の訳

筆者によると、なぜ遺伝子組み換え食品は有機食品に比べて収穫量が多いのですか。

(A) 遺伝子組み換え食品は、厳しい環境で育てられないから。

(B) 有機食品には人工的な保護がなされないから。

(C) 有機農法は特別な資源を必要とするから。

(D) 遺伝子組み換え食品は、発展途上国の安価な農業労働力の恩恵を受けるから。

解説 細部を問う問題［→解法43］。18〜19行目に GM foods ... having been genetically strengthened とあり、遺伝子組み換え食品は人工的に強化されていることがわかる。20〜21行目に ... purer, but weaker, organically-grown foods とあるので、有機食品は人工的な保護がなされていないことが推測できるので (B) が正解。19〜20行目に They can survive ... harsh environmental conditions とあるので、(A) は誤り。18行目に GM foods are cheaper to raise ... とあるが、これは安価に育てられるという意味で、発展途上国の労働力との関係は不明なので、(D) も誤り。

8. 正解：(B)

質問・選択肢の訳

パッセージから推測できるのは

(A) 有機食品の利点についてはほとんどがきちんと証明されていない

(B) 完全に科学的な農業のやり方は批判されている

(C) 有機農産物はますます丈夫になってきている

(D) 有機栽培の生産者の多くは、西側の農業関連企業に買収されている

解説 暗示された内容を問う問題［→解法45］。24行目の However, skeptics of GM foods warn that the harmful effects of GM foods ... 以下によると、科学的な農

法が批判されていることがわかるので (B) が正解。21 行目の ... weaker, organically-grown foods という表現からわかるように、有機農産物は丈夫になってきていないので (C) は誤り。25 〜 27 行目の ... GM companies—usually Western agribusinesses—may come to economically dominate developing agrarian countries という部分から、(D) を選んでしまう可能性があるが、ここでは「西側の農業関連企業が発展途上の農業国を支配する」と述べているだけで、有機栽培の生産者が買収されるとは書かれていない。

9. 正解：(C)

質問・選択肢の訳

28 行目の単語 "sustainable" に最も近い意味を持つのは

(A) 統合された

(B) 不均衡な

(C) 維持できる

(D) 複雑な

解説 語彙に関する問題。sustainable は「維持できる」という意味。意味を知らない場合でも、文脈からヒントを探すことができる［→解法48］。この単語は、Conversely（反対に）から始まる文に含まれているが、この前では遺伝子組み換え食品の問題点が説明されているので、sustainable は (A) や (C) などのように肯定的な意味を持った単語であると推測できる。また、sustainable と maintainable には共に -able（〜可能な）という接尾辞がついていることもヒントになる。

10. 正解：(D)

質問・選択肢の訳

パッセージによると、以下のどれが世界の食品市場を最も正確に説明していますか。

(A) 主要な販路はいまだに遺伝子組み換え食品と有機食品のどちらを売り出すかで迷っている。

(B) アメリカ合衆国と欧州連合は食品の規制をめぐって衝突している。

(C) 消費者の苦情により、科学技術は徐々に使用されなくなっている。

(D) 明らかになってきた消費者の好みが、食品業界における多様化を促進している。

解説 第 1 段落では、有機食品業界が消費者の環境意識に後押しされ拡大していることが述べられている。そして第 4 段落の 28 行目、With this controversy, ... 以降を読むと、世界の食品市場は有機食品と遺伝子組み換え食品のどちらにも偏ることなくバランスが保たれていく、ということがわかる。これらを総合すると、(D) の「消費者の好みが市場の多様化を促進している」と解釈できる。

59

☑チェック！重要語句

□ organic 形有機栽培の □ deliberately 副意図的に □ eco-conscious 形環境保護に関心を持った □ welfare 名福祉、保護、幸福 □ self-proclaimed 形自ら主張した □ promoter 名促進剤 □ synthetic 形合成の □ pasture 名牧草地 □ slaughter 動屠殺する、虐殺する 名屠殺 □ veterinary 形獣医の □ discouraged 形推奨されない □ biodiversity 名種の多様性 □ pesticide 名殺虫薬 □ fertilizer 名肥料、化学肥料 □ deploy 動展開する □ counterpart 名同等のもの □ manure 名肥やし □ lie fallow （土地が）休耕中である □ robust 形強固な □ yield 名産出 □ assert 動断言する、主張する □ alleviate 動和らげる □ depletion 名喪失 □ advocate 動主張する □ skeptic 名懐疑派 □ dominate 動支配する □ agrarian 形農業の □ indigenous 形（ある土地や国に）固有の □ be concerned about ～ ～に関係している、～について関心を持っている □ indicator 名指標 □ humane 形人道的な □ provision 名提供 □ alternative 名代替品、代替手段 □ additive 名添加物 □ cruelty 名残酷さ □ endangered 形絶滅寸前の □ breed 名種族 □ artificial 形人工的な □ stimulant 名刺激剤 □ ample 形豊富な □ livestock 名家畜 □ merciful 形慈悲深い □ assertion 名主張 □ practice 名慣習 □ refutation 名反論 □ diet 名食べ物、食事 □ wholly 副完全に □ outlet 名販路、直販店 □ clash over ～ ～で衝突する □ regulation 名規則 □ withdraw 動引き下がる、撤退する

Questions 11-20

パッセージの訳

1 外国に軍隊を派遣することはいつの時代でも大変困難なことなので、通常これを行うことができるのは大国に限られる。これが、ポリビウスがローマ軍のシシリア島への進軍を、ローマ帝国の誕生として言及する理由である。同様に、アメリカが初めて海外に大掛かりな軍隊を派遣した 1898 年のスペイン - アメリカ戦争は、アメリカが世界的大国としての地位を得るために中心的な役割を果たしたのである。

2 スペイン - アメリカ戦争が起こった本当の原因については諸説ある。アメリカのイエロージャーナリズムは、セオドア（テディ）・ルーズベルトなどの国粋主義エリートたちと共に、スペインのキューバに対する独裁政策を激しく非難した。アメリカ人の一部は、旧態依然とした君主国からの「解放」がキューバには本当に必要だと感じていたのである。スペインの軍事的脆弱性もまた、スペインを魅力的なターゲットにした。これらすべての要因が、アメリカの戦艦メーン号のキューバ沖での不可解な爆発の後、ワシントンを宣戦布告という最終的な決断へと導いていったという可能性が最も高いであろう。

3 戦争が始まると、アメリカ軍はキューバへ向けて出航した。合衆国はまた、フィリピンなど、大西洋でスペインが占有していた領土を攻撃することによって、この戦争を「全面的」なものにした。すでに現地に根付いていた独立運動家たちの助けも得て、アメリカ軍はスペインの駐屯軍を圧倒した。4ヶ月後にスペインが講和を求めたとき、スペインはキューバ、プエルトリコ、グアム、そしてフィリピンの支配権を合衆国に譲渡することに同意し、キューバは少なくとも名目上は独立国となった。多くのアメリカ人はこの結果に大喜びしたが、一部のアメリカ人、たとえばマーク・トウェインなどはこれを激しく批判した。1899年にフィリピンの人民による反乱をアメリカが鎮圧したことは、戦争の批判者たちの信憑性を高めることとなった。これが、これ以降アメリカの政治において繰り返し起こることとなる、孤立主義者たちと介入主義者たちとの対立の始まりとなったのである。

4 この戦争は今日のアメリカ人の記憶に、主にメーン号の沈没とサンファン高地の戦いとして残っている。合衆国は現実的な利点として、より容易に自らの海軍力を誇示する拠点となる島を得たのである。軍事力の大々的な誇示というこの概念は、次第にアメリカの戦略の中核となっていった。

11. 正解：(B)

質問・選択肢の訳

このパッセージに最もふさわしいタイトルは何ですか。

(A) アメリカの外交政策に対するメディアの影響

(B) 重要な戦争を経ての強国の台頭

(C) スペインおよびアメリカの海軍司令官の戦略

(D) 国際紛争の解決方法の発見

解説 主旨を問う問題［→解法40］。パッセージでは、スペイン - アメリカ戦争を経てアメリカが強国になっていく過程が述べられている。メディアがスペインの外交政策を批判したことは述べられているが、アメリカの外交政策全般への影響については述べられていないので (A) は不可。

12. 正解：(C)

質問・選択肢の訳

第1段落で、著者は以下のどれを強調するためにポリビウスに言及していますか。

(A) 歴史上の主張はしばしば、さまざまな国の学者たちによって激しく議論される。

(B) ローマとアメリカは同じ目的に達するために異なる方法を使った。

(C) 強国のみがある種の軍事行動を遂行できる。

(D) 侵攻は強国の好戦的な傾向によって起こる。

解説 ポリビウスの名が出てくる2行目の文は、その直前にある Dispatching troops overseas has always been tremendously difficult, ordinarily limited to great-power nations. を強調している。2行目の最初にある This is why ... という表現にも注目。細部を問う問題［→解法43］なので、ポリビウスという名前が出てくる前後のみを見て答えることができる。

13. 正解：(A)

質問・選択肢の訳
2行目の単語 "cites" に最も近い意味を持つのは
(A) 同一視する
(B) 批判する
(C) 撤回する
(D) 驚かせる

解説 語彙に関する問題で、文脈からもヒントを見つけることができる［→解法48］。動詞 cite の基本的な意味は「言及する、引用する」であるが、ポリビウスは「ローマ軍のシシリア島への進軍」と「ローマ帝国の誕生」を「同一視」しているので (A) が正解。

14. 正解：(A)

質問・選択肢の訳
スペイン - アメリカ戦争へと導いた出来事の1つとして述べられていないものはどれですか。
(A) キューバと合衆国間の渡航禁止令
(B) アメリカの軍艦の破壊
(C) スペインの外交政策に対する新聞の糾弾
(D) キューバの人民の自由を支持する運動

解説 書かれていない情報を問う問題［→解法44］。誤った選択肢（＝パッセージに書かれている内容）を1つずつ潰していく。第2段落で (B) は10～12行目、(C) は6～8行目、(D) は8～9行目に述べられている。

15. 正解：(C)

質問・選択肢の訳
10行目の単語 "it" が指しているのは
(A) キューバ
(B) 解放
(C) 君主国

62

(D) 弱さ

解説 代名詞に関する問題［→解法 46］。代名詞が何を指すかを尋ねる問題は、その代名詞が出てくる直前を注意深く読むことで解ける。代名詞 it は、Spain's military weakness may also have made it an inviting target. という文にあり、Spain を指していることがわかる。ただし、スペインという選択肢が存在しないので、スペインを指す表現を見つけなければならない。これが monarchy である。

16. 正解：(B)

質問・選択肢の訳

パッセージによると、スペイン - アメリカ戦争中の戦闘はどのように特徴づけられますか。

(A) 戦いは主にスペイン本土で起こった。

(B) 合衆国は広範囲にわたりスペインに戦いをしかけた。

(C) キューバの常備軍はアメリカとスペイン両方の軍隊と戦った。

(D) スペインは世界中のアメリカ軍に対して「全面戦争」を始めた。

解説 13 〜 15 行 目 の The United States also made the war "total," attacking Spanish possessions in the Pacific ... を言い換えた (B) が正解。total が (B) の broad regions にあたる。(A) は、戦闘はさまざまなところで起こったので誤り。(D) は、「全面戦争」を始めたのはスペインではなく、アメリカなので誤り。

17. 正解：(D)

質問・選択肢の訳

アメリカ軍が到着する前、フィリピン人はどのような状態であったことがパッセージから推測できますか。

(A) すでにスペイン軍に勝利していた

(B) スペインと合衆国のどちらを援助するのにも消極的だった

(C) キューバの独立運動家たちと接触していた

(D) 当時の支配者たちに反抗していた

解説 15 〜 16 行 目 の Aided by already well-established native independence fighters ... が鍵となる。すでに独立運動家たちが現地で活動していたということから、(D) の restive（反抗的）であったということが推測できる。(B) は、独立運動家たちはアメリカ軍を援助したので誤り。

18. 正解：(B)

質問・選択肢の訳

21 行目の単語 "credence" に最も近い意味を持つのは

63

(A) 心配

(B) 正当性

(C) 分類

(D) 侵入

解説 語彙に関する問題。credence は「信頼、信用」の意味。lend credence to ～で「～に信頼性を与える」という表現なので、戦争を批判していた人たちの「正当性」(validity) が高まったという意味になる。

19. 正解：(C)

質問・選択肢の訳

筆者はパッセージのどこで、スペイン-アメリカ戦争の現代における認識について論じていますか。

(A) 19 ～ 20 行目

(B) 22 ～ 23 行目

(C) 24 ～ 25 行目

(D) 26 ～ 28 行目

解説 24 行目～ 25 行目の The war remains in the current American imagination mainly in the sinking of the *Maine* and the battle of San Juan Hill. で、現代のアメリカ人の記憶について述べられている。current American imagination が質問文で contemporary perception に言い換えられている。

20. 正解：(D)

質問・選択肢の訳

このパッセージの後に来る段落はおそらく何について論じると考えられますか。

(A) より統一的な平和活動の出現

(B) スペインが超大国の立場を失った根本的な原因

(C) 普通のアメリカ人たちの間で変化していく戦争に対する考え方

(D) その後の、アメリカ軍基地の世界的発展

解説 パッセージの後にあるべき情報を問う問題なので、最後の文に注目する [→解法 42]。最後の文では「軍事力を誇示することがアメリカの戦略の核となっていった」と述べられているので、次の段落では、その後の軍事力誇示につながる「アメリカ軍基地の世界的発展」について述べられるであろうと推測できる。

☑ チェック! 重要語句

□ **dispatch** 動派遣する　□ **troop** 名軍隊　□ **cite** 動～に言及する、引用する　□ **advance** 名前進、進軍　□ **legion** 名(古代ローマの) 軍隊　□ **likewise** 副同じく　□ **deployment**

64

名（軍隊などの）配置 □ **force** 名軍隊 □ **central to ～** ～の中心となる □ **authoritarian** 形独裁主義の □ **liberation** 名解放 □ **monarchy** 名君主制 □ **inviting** 形魅力的な □ **declare** 動宣言する □ **hostility** 名敵意、戦争行為 □ **possession** 名所有、占有 □ **well-established** 形確立した、根付いた □ **overwhelm** 動打ちのめす □ **garrison** 名守備隊 □ **sue for ～** ～を求めて訴える □ **cede to ～** ～に譲る □ **nominally** 副名目上 □ **outcome** 名結果 □ **bitterly** 副苦々しく □ **suppression** 名鎮圧 □ **lend credence to ～** ～に信用を与える □ **conflict** 名対立 □ **isolationist** 名孤立主義者 □ **interventionist** 名介入主義者 □ **fixture** 名固定する行為 □ **project** 動投影する、誇示する □ **naval** 形海軍の □ **readily** 副容易に □ **forward** 形差し出がましい □ **projection** 名誇示 □ **fleet** 名海軍、船隊 □ **admiral** 名最高司令官 □ **engage in ～** ～に従事する □ **warlike** 形好戦的な □ **tendency** 名性質 □ **lead up to ～** ～につながる □ **travel ban** 渡航禁止令 □ **warship** 名軍艦 □ **condemnation** 名激しい非難 □ **advocacy** 名（政治的な）運動 □ **mainland** 名本土 □ **wage war** 宣戦布告する、開戦する □ **victorious** 形勝利を得た □ **reluctant** 形気乗りしない □ **restive** 形反抗的な □ **authority** 名権力者 □ **perception** 名認識 □ **root cause** 根本的原因

Questions 21-30

パッセージの訳

1 イルカは集団、つまり「群れ」で暮らしている。生き物は複雑な社会で繁栄していくためには脳を使わなければならないので、群れはイルカの知能を育む主要なものの1つである。ほかの多くの社会性動物のように、たった1頭のリーダーのイルカ、つまり「アルファ」が群れを支配するわけではない。その代わり、小集団、派閥や「攻撃的集団」が時に現れる。雄たちが、群れ全体の安定は乱さずにほかのグループを支配する「攻撃的大集団」を形成することさえある。つまり、群れは階層型ではなく、むしろ絶え間なく変化し続ける社会的な行動、協調、そして争いを内包しているのだ。

2 コミュニケーションは、このような社会的組織にとって重要である。イルカは「クリック音」や「口笛」を通じてコミュニケーションを行う。これらの合図により、家族や危険、餌のありかを見つけるのだ。群れの中での合図は、特に若いイルカが年上のイルカの行動を観察したり真似したりすることによってそこから学ぶという、絶え間ない学習の過程を提供する。

3 どのような種においても、動物の知能とはひとりでに発達するものではなく、環境への反応として発達するものである。カエルは犬に比べると低い知能しか持っていないが、カエル固有の生態系で生き延びていくのに必要な程度には十分利口だ。同様に、

65

イルカの高い知能も環境に適応するための手段である。イルカはほかの海洋生物と競い合って生き残るため、時間をかけて「より利口」になったのだ。シロナガスクジラの巨大な体長やホオジロザメの鋭利な歯、硬い外皮と同じように、イルカの知能、および群れの社会的複雑性は、海において彼らに明白な優位性を与えているのである。

4 これらの主張に対する懐疑論者の多くは、イルカの脳が自己を認識したり、周囲の状況を判断したり、論理的な思考をしたりといった、高いレベルで機能することができるのかと批判する。懐疑論者は、イルカの知能の大部分は、本能に少し上乗せされただけのものであると考えている。彼らは、イルカが自らの存在について熟考したり、チャンスやリスクを計算することができるのかと疑っているのだ。この問題に対して明らかになってきた答えが、行動柔軟性理論である。イルカは、人間と同様、自らの環境を利用することができるという考え方である。たとえば、野生のイルカの一部は狩りをするときに海綿などを「道具」として使っているところを目撃されている。また、イルカが周囲にある物の大きさ、位置や動きを見極めることができるという実験から、イルカは自らの環境を正確にモデル化することができるようだということもわかっている。

21. 正解：(B)

質問・選択肢の訳

このパッセージの主題は何ですか。

(A) 動物の知能レベルの比較

(B) ある動物の知能の背景にある要因

(C) 海洋動物の集団の驚くべき複雑さ

(D) 人間と動物の知能の違い

解説 質問文に the main topic とあるので、主旨を問う問題 [→解法 40]。パッセージは、イルカの知能がなぜ高くなったと考えられるのかを述べている。(B) の a certain animal がイルカを指している。カエルと犬の知能を比較している部分があるが、それ以降の部分で議論が発展していないので、(A) はパッセージ全体の主旨とは言えず不可。イルカの群れの複雑性について述べているのは第 1 段落のみなので (C) も不可。

22. 正解：(D)

質問・選択肢の訳

パッセージによると、イルカの群れ社会が複雑なのは

(A) 新しいイルカを惹きつける役割において

(B) 攻撃的大集団に対する防御において

(C) 1 頭のリーダーによる支配において

66

(D) イルカたちの調和と対立において

解説 細部を問う問題 ［→解法 43］。7 ～ 8 行目の ... contain ever-changing internal social movement, cooperation, and battle が答えを示している。cooperation, and battle が (D) の harmony and conflict で言い換えられている。(B) は、super-gangs に関する記述はあるが、防御に関する具体的な情報はないので不可。(C) は、3 行目に A sole leadership dolphin or "Alpha" does not control the pod とあるので誤り。

23. 正解：(D)

質問・選択肢の訳

7 行目の単語 "hierarchal" に最も近い意味を持つのは

(A) 扇情的な

(B) 損傷した

(C) 残余の

(D) 独裁主義の

解説 語彙に関する問題。hierarchal は「階層型の」の意味。つまり、リーダーが群れを独裁的に支配している状況を意味している。正解を見つけるためには、3 行目の A sole leadership dolphin or "Alpha" does not control the pod, ... という文脈をヒントにできる ［→解法 48］。

24. 正解：(C)

質問・選択肢の訳

イルカのコミュニケーションの特徴として述べられていないのは以下のどれですか。

(A) 食料の狩りにおける有用性

(B) ほかの群れに属するイルカの識別

(C) 水の中での伝達能力の強さ

(D) 分析的フィードバック

解説 書かれていない情報を問う問題 ［→解法 44］。誤った選択肢（＝パッセージに書かれている内容）を 1 つずつ潰していく。(A) と (B) は 10 ～ 11 行目の ... the signals locate family members ... or food sources で述べられている。(D) は、11 ～ 13 行目の Signaling within the pod provides ... older ones. という文に、若いイルカは年上のイルカの行動を観察、模倣するとあり、これが analytic feedback（分析的フィードバック）であると考えることができる。

67

25. 正解：(B)

質問・選択肢の訳

20 行目の単語 "distinct" に最も近い意味を持つのは

(A) 意図的な

(B) 目立った

(C) 情熱的な

(D) 流暢な

解説 語彙に関する問題。distinct は「目立った、独特の」の意味。この語彙を含む文では、イルカ、シロナガスクジラ、ホオジロザメそれぞれの目立った特徴について説明されていることから、(B) notable を推測することができる［→解法 48］。

26. 正解：(A)

質問・選択肢の訳

パッセージによると、動物の知能について真実なのはどれですか。

(A) 特定の環境における必要性に起因する。

(B) 自然界における競争圧力によって限定される。

(C) 生態系の複雑さに応じて高まる。

(D) カエルのような小動物には不要である。

解説 細部を問う問題［→解法 43］。14 ～ 15 行目の Animal intelligence in every species does not develop on its own but as a response to an environment. を言い換えた (A) が正解。カエルにも環境に応じた知能があると述べられているので、(D) は不可。

27. 正解：(A)

質問・選択肢の訳

第 3 段落の構成を最もよく特徴づけているのは以下のどれですか。

(A) 一般論に続きその具体例

(B) 定着している学説に対する反論

(C) ある現象を引き起こしていると考えられる原因の一覧

(D) 対立している主張に関する客観的分析

解説 パッセージの構成を問う問題［→解法 41］。まず第 3 段落の 14 ～ 15 行目で「どのような種においても、動物の知能とはひとりでに発達するものではなく、環境への反応として発達するものである」と、動物の知能の発達についての一般論が述べられている。その後にカエルとイルカに関する具体例が続き、ほかの海洋生物の特徴例も挙げられている。

68

28. 正解：(D)

質問・選択肢の訳

「この問題に対して明らかになってきた答え」とは、以下のどれを指していますか。

(A) 実際の論理的思考力を測る能力

(B) 本能を理解することの困難さ

(C) イルカの知能について懐疑的な人々の証拠不足

(D) イルカの実際の知的水準

解説 26 行目の An emerging answer to this の this は、このフレーズ以前で説明されているイルカの知能水準に対する懐疑論を指している。このフレーズ以降では、イルカには道具を使用したり、状況を判断したりする能力があるという具体例を挙げ、イルカの実際の知的水準がどの程度のものかを説明して懐疑論に答えている。

29. 正解：(C)

質問・選択肢の訳

28 行目の単語 "capitalize" に最も近い意味を持つのは

(A) 供給する

(B) 決定する

(C) 利益を得る

(D) 召集する

解説 語彙を問う問題。capitalize は「利用する」の意味だが、文中にもヒントがある [→解法 47]。capitalize を含む文の次の文が For instance ... という表現で始まっており、ここで具体例が述べられている。イルカは海にある海綿などを道具として使う、という例から、イルカは環境から「利益を得て」いるということがわかる。

30. 正解：(B)

質問・選択肢の訳

パッセージから推測できるのは

(A) 高度の脳機能を持つかどうかは、イルカにより異なっている

(B) イルカは周囲の状況を知性をもって理解している可能性がある

(C) イルカは人間が持たない柔軟な知性を持っている

(D) イルカは人間にはまだ解明できない方法を使って論理的思考をしている

解説 暗示された内容を問う問題 [→解法 45]。パッセージの最後の文に ... dolphins seem able to accurately model their environment ... objects around them とある。ここの model は「模倣する」の意味だが、より詳細にいえば「(環境・状況を) 理解・認識する、立体的に把握する、モデル化する」という意味。ここから、

イルカは周囲の状況を知性をもって判断している可能性があると推測できる。

☑ チェック！重要語句

□ **pod** 名群れ □ **generator** 名発生させる人、もの □ **creature** 名生き物 □ **thrive** 動
繁栄する □ **sole** 形唯一の □ **alpha** 名（群れの中で）第一位の存在 □ **hierarchal** 形階層
型の □ **click** 名クリック音 □ **whistle** 名口笛、笛 □ **mimic** 動真似る □ **skepticism**
名懐疑論 □ **self-awareness** 名自己認識 □ **comprehension** 名理解 □ **reasoning** 名
（論理的）思考、推論 □ **instinct** 名本能 □ **ponder** 動熟考する □ **capitalize** 動十分に
利用する □ **model** 動模倣する □ **approximate** 動概算する □ **feedback** 名反応、意見
□ **generalization** 名一般化、概括 □ **phenomenon** 名現象 □ **perceive** 動理解する

Questions 31-40

パッセージの訳

1 最もよく知られた世界的流行病はおそらく、14世紀中頃にユーラシア大陸に広まっ
た「黒死病」であろう。この病気は、最大でヨーロッパ人の60パーセントを死亡させ
たと推定されている。従来の説によるとこの病気には、敗血性ペスト、肺ペスト、腺ペ
ストの菌株が含まれており、そのうち最後の腺ペストが最も一般的な症状であった。リ
ンパ腺の腫れ、いわゆる「横痃（おうげん）」が目に見える症状である。新たな証拠は、
黒死病は実際にはウイルス性出血熱の一種であったことを示唆している。最終的な科
学的合意が何であれ、この流行病は壊滅的であった。この病気を治療しようとしたヨ
ーロッパの医師のほとんどが死亡してしまったのである。多くの農民も病気になったた
め、穀物生産量が激しく落ち込んだ。それが価格を上昇させ、一般市民は十分な食料
を購入することができない状態へと追い込まれた。これにより免疫機能が弱まり、人々
はより流行病に罹患しやすくなってしまったのである。

2 黒死病はおそらく、新しい世界規模の貿易システムと農業システムの不可避的結末
だったのであろう。動物の家畜化の普及は、異なる種族間で伝染する病気の発症機会
が増えたことを意味した。これらの細菌やウイルスが時間とともに進化する一方で、農
場労働者は豚、鳥、牛、そしてネズミとも、日常的に接していたからである。エルシニ
ア・ペスティス、いわゆる「腺ペスト菌」は、ネズミ科の動物の中で一般的な細菌であ
った。時間とともに、それはより伝染力の強い形態へと進化し、その後、ネズミについ
たノミを介して人間へと感染したのである。また、ヨーロッパ、アフリカ、そしてアジ
アを恒常的に結ぶ商業ルートの開通も、病気が広がる条件となった。微生物は分散し、
それまでは異なっていたはずのさまざまな人種の免疫機能に順応したのである。

3 流行病への最も効果的な対応は、通常は患者の隔離であった。裕福な人々の多くは、街から田舎の私有地へと逃れた。ほかの街は、自主的に検疫・遮断をして、人の出入りを禁じた。いくつかの世帯もまた自ら隔離を望んだり、当局によって強制的に隔絶された。感染者の出た世帯は「封鎖」され、餓死へと追い込まれたのだ。

4 この流行病の勢いが弱まってようやく、街や村が貿易、農業や商業活動を完全に再開できるようになった。しかし、ヨーロッパの人口が回復するには1世紀半以上かかったのだ。教会も政府も流行病の抑制に対して無能であったことが、大衆の不信を招き、わずかではあるが権力の弱体化につながった。

31. 正解：(B)

質問・選択肢の訳

このパッセージの第1段落が最も深く論じているのは以下のどのトピックですか。

(A) 過去の安全衛生規則の欠陥

(B) 広く感染する病気の特徴

(C) 病気に関する研究の進歩

(D) 黒死病が世界的流行病であったかどうかに関する論争

解説 第1段落の主旨について問う問題。第1段落では、黒死病がいつ、どこで広まったか、どのような症状が出るかなど、病気の特徴について述べられているので (B) が正解。broadly contagious illness が黒死病を指している。

32. 正解：(C)

質問・選択肢の訳

パッセージによると、どのような症状が腺ペストの特徴ですか。

(A) リンパ腺の一部の乾燥

(B) リンパ腺の消滅

(C) 体の一部分の腫れ

(D) ウイルス性出血熱の発症

解説 細部を問う問題［→解法43］。答えは3～5行目の文の、... swollen lymph glands or "buboes" were its visible symptoms にある。(C) の parts of the body が lymph glands を指している。この次の文に「黒死病は実際にはウイルス性出血熱の一種であった」という情報があるが、腺ペストの症状としての説明ではないので、(D) は不可。

33. 正解：(C)

質問・選択肢の訳

7 行目の単語 "consensus" に最も近い意味を持つのは

(A) 調査

(B) 供給

(C) 同意

(D) 出版

解説 語彙に関する問題。consensus は「意見の一致」を意味する。この単語が出てくる直前に、黒死病の特徴に関する従来の説と新しい説が述べられていることも、単語の意味を推測するヒントになる [→解法 48]。

34. 正解：(A)

質問・選択肢の訳

パッセージから、14 世紀ヨーロッパにおける穀物生産についてどのような結論を得ることができますか。

(A) 大幅に自由市場化されていた。

(B) 肉体労働にはあまり依存していなかった。

(C) 医療分野よりも利益を生んでいた。

(D) 流行病の影響を縮小するほど大量であった。

解説 細部を問う問題 [→解法 43]。9 ～ 10 行目、... grain production fell drastically. This in turn drove prices upward ... に答えがある。穀物生産が落ち込んだとき、価格が上がったということから、穀物生産がこの時代すでに需要と供給に基づいて自由市場化されていたことが結論づけられる。(A) 以外の選択肢はすべて明白な誤答なので、パッセージの情報を (A) の marketized にすぐに結び付けられない場合は、消去法で誤答を潰していくのも有効。

35. 正解：(C)

質問・選択肢の訳

パッセージによると、動物の家畜化の問題点は

(A) 農場の価格が全体的に上がり、普通の人々による購入が困難になった

(B) ネズミが、農民による駆逐に対してより耐久性を持つようになった

(C) 異なる種類の生物の間に病気が広がった

(D) 新たにできた国際的な交易路において、深刻な供給過剰が起きた

解説 細部を問う問題 [→解法 43]。13 ～ 16 行目の Increasing domestication of animals meant ... の文に答えがある。この文にある inter-species（異なる種族間で

の）が (C) の across different types of living beings にあたる。価格が上がったのは穀物であり、農場ではないので (A) は誤り。耐久性を持つようになったのは病原菌でありネズミそのものではないので、(B) も誤り。

36. 正解：(C) --------

質問・選択肢の訳

17 行目の単語 "virulent" に最も近い意味を持つのは
(A) 責任逃れの
(B) 詳細な
(C) 悪性の
(D) 一新した

解説 語彙に関する問題。virulent は「伝染力の強い、悪性の」の意味。17 行目の Over time, it evolved into a more virulent form, which rat fleas then transmitted to humans. という文では、関係代名詞 which を使って a more virulent form の説明がなされている。文中のヒントである ［→解法 47］。

37. 正解：(A) --------

質問・選択肢の訳

筆者によると、ヨーロッパの街の黒死病への対応として起こらなかったのはどれですか。
(A) よりよく効く薬の開発
(B) ある場所を離れること
(C) 外部の者の進入を遮断すること
(D) 住民を家に閉じ込めること

解説 書かれていない情報を問う問題 ［→解法 44］。誤った選択肢（＝パッセージに書かれている内容）を 1 つずつ潰していく。第 3 段落に関連する部分がある。22 〜 23 行目の Many of the wealthy fled towns ... が (B) であり、23 〜 24 行目の Other towns self-quarantined, allowing no one in or out. が (C)、24 〜 25 行目の Some homes ... were forcibly quarantined by the authorities who "walled up" ... が (D) にあたる。

38. 正解：(D) --------

質問・選択肢の訳

26 行目の単語 "them" が指しているのは
(A) 裕福な人々
(B) 不動産
(C) 権力者

73

(D) 世帯

解説 代名詞に関する問題［→解法 46］。Some homes ... were forcibly quarantined by the authorities who "walled up" infected households, leaving them to starve to death. という文に問題となっている代名詞 them がある。代名詞の問題では、その直前にある名詞に注目する。ここでは、households が them の直前にあり、代名詞はこれを指している。

39. 正解 :(C)

質問・選択肢の訳

27 行目の単語 "reengage" に最も近い意味を持つのは

(A) 改善する

(B) 使い果たす

(C) 継続する

(D) 決定する

解説 語彙に関する問題。reengage は re-（再び）という接頭辞と動詞 engage（従事する）から成る単語。黒死病に感染した街や村が、以前から行っていた農業や商業に再び従事できた、という文脈から、(C) continue を選択することができる［→解法 48］。

40. 正解 :(A)

質問・選択肢の訳

このパッセージの前の段落では、おそらく以下のどのトピックが論じられていますか。

(A) さまざまな流行病の例

(B) 現代における病気の治療に関する進歩

(C) 今日、流行病が発生する確率

(D) 歴史を通してのさまざまな国の健康政策

解説 パッセージの前にあるべき情報を問う問題なので、パッセージ冒頭の文に注意する［→解法 42］。Perhaps the best-known pandemic is the "Black Death," ... とあることから、これ以前にはさまざまな流行病の例が紹介されており、(その中で)「最もよく知られている流行病は黒死病であろう」、とつながることが推測できる。

☑ チェック！重要語句

□ **pandemic** 名（全国的／世界的）流行病　□ **up to** 最大で　□ **conventional** 形従来の　□ **strain** 名（ウイルス、菌の）株　□ **lattermost** 形最後の　□ **swollen** 形腫れた　□ **lymph gland** リンパ腺　□ **symptom** 名症状　□ **viral** 形ウイルス性の　□ **hemorrhagic** 形出血性の　□ **catastrophic** 形壊滅的な　□ **peasant** 名農民　□ **strike** 動《strike-struck-struck (stricken) と変化》襲う　□ **grain** 名穀物　□ **in turn** 今度は　□ **immune** 形免疫の

74

□ **susceptible** 形影響を受けやすい　□ **inevitable** 形避けられない　□ **domestication** 名家畜化　□ **virulent** 形伝染力の強い　□ **microorganism** 名微生物　□ **disperse** 動散らばる　□ **adapt to 〜** 〜に適合する　□ **disparate** 形完全に異なる　□ **isolation** 名隔離　□ **estate** 名私有地　□ **quarantine** 動隔離する、検疫する　□ **forcibly** 副強制的に　□ **infected** 形感染した　□ **household** 名世帯　□ **starve** 動飢えさせる　□ **fade** 動消えていく　□ **reengage in 〜** 〜に再び従事する　□ **inability** 名無能　□ **subtle** 形かすかな　□ **weakening** 名衰弱　□ **contagious** 形接触伝染性の　□ **attribute** 名特質　□ **disappearance** 名消失　□ **outbreak** 名発生　□ **substantially** 副大幅に、実質上　□ **marketize** 動自由市場化する、経済化する　□ **common labor** 肉体労働　□ **profitable** 形利益になる　□ **drawback** 名欠点　□ **resistant** 形抵抗力のある　□ **oversupply** 名供給過剰　□ **abandon** 動遺棄する、去る　□ **locality** 名土地　□ **seal** 動密閉する　□ **occurrence** 名発生

Questions 41-50

パッセージの訳

1 アテネが往々にして開かれた民主主義国家であったと考えられているのに対し、スパルタは軍国主義の独裁国家であったと捉えられている。実際のところは、スパルタはエリート軍人層と、彼らを支える被支配階級によって統治されていた国家であったと捉えるのがふさわしい。スパルタ市民の下にはペリオイコイと呼ばれる、解放奴隷からなる自由民の階級があった。彼らは政治への参加は認められなかったものの、貿易、熟練工による手工芸、金融、専門職を独占していた。ペリオイコイの下には、本質的には「奴隷」または「農奴」であるヘロットがおり、都市と農地の両方で肉体労働に従事していた。大変興味深く、またほかに例のないことであるが、ヘロットは特定のスパルタ市民に所有されていたわけではなかった。彼らは国家によって所有され、生産した農産物の50％を国に納めなければならなかった。また、スパルタ兵が潜在的反逆者を殲滅するために定期的に行った襲撃・殺害の標的になった。にもかかわらず、ヘロットの生活は継続的な苦しみに満ちていたわけではなかった。彼らは時には、手元に残った50％の農産物を貯蓄して、自由を買うことができたのだ。またほかのヘロットは、通常は軍の補助兵として、模範的な戦いを行うことによって自由を手に入れた。

2 スパルタの女たちもまた、古代ギリシャのほかの都市国家にはなかった自由を享受していた。彼女らは広範囲に及ぶ学校教育やスポーツ教育を受けた。スパルタの夫は妻の助言というものを尊重したが、これはアテネ人のアリストテレスが酷評したことであった。スパルタの女たちはまた、土地家屋や家畜を相続したり購入したりすることもできた。さらには、夫ではない男と肉体関係を持つこともあった。もっともこれは、通常は恋愛感情に基づくものではなく、そうしなければ子宝に恵まれない場合に子を宿すた

75

めであったのだが。

3 スパルタの男たちは、7歳になってから60歳まで、ほとんど途切れることなく戦闘訓練を受けた。しかし、彼らは見境なく戦争をしていたわけではなかった。可能であれば常に、（西洋では最初の数例となった）平和条約を結び同盟関係を築いたのである。外交上の偉業を成し遂げたスパルタ人は通常、軍事力による征服を成し遂げた者よりずっと大きな名誉を与えられた。実際、ギリシャ半島全土に広がり大決戦となったペロポネソス戦争も、トゥキュディデスが記したように、スパルタ人ではなく「アテネ人の決起」によって引き起こされたのである。しかし、スパルタ人は私的な権利や自由はわずかしか持っていなかった。スパルタの創始者であるリュクルグスは、意図的にこれらを制限したのである。たとえば、スパルタの文学や音楽といったエンターテイメントは優れたものであったが、それはほとんど常に、愛国的な傾向を持っていたのである。

41. 正解：(B)

質問・選択肢の訳

このパッセージの主題は何ですか。

(A) スパルタとアテネの間の紛争

(B) ある古代国家の構成

(C) リュクルグスの伝記

(D) 古代の重要な戦争

解説 主旨を問う問題［→解法40］。正しい答えは、パッセージの一部ではなく全体を要約しているものであることに注意。パッセージは古代都市国家スパルタにどのような階級があったか、それぞれの階級に属する人々にどのような権利があったか、など国家の組織と構成を述べている。

42. 正解：(A)

質問・選択肢の訳

パッセージによれば、ペリオイコイが関わっていなかったものは以下のどれですか。

(A) 政策

(B) 商業活動

(C) 資金管理

(D) 高い技術を要する生産業

解説 書かれていない情報を問う問題［→解法44］。第1段落4～5行目のExcluded from any political participation, they nevertheless dominated the trades, artisan crafts, finance and professions. に注目しよう（they は perioikoi を指している）。この文の最初の部分に、ペリオイコイには政治への参加が認められなかった、

とあるので (A) が正解とわかる。また、誤答を 1 つずつ潰していくことでも正解を導き出せる。この文の trades が (B) commercial activity を、finance が (C) money management を、artisan crafts または professions が (D) skilled production work を表しているので、これらの活動には関わっていたことがわかる。

43. 正解：(D)

質問・選択肢の訳

筆者は、以下のどの理由のためにヘロットが国家の所有であったことを述べているのですか。

(A) 別の方法があったことを示唆するため

(B) 過去の学説に反論するため

(C) 賛成論へと導くため

(D) 珍しい慣習を指摘するため

解説 7 〜 8 行目の The helots—interestingly and uniquely enough owned by the state, not individual Spartans ... という部分から、ヘロットのような階級は特定の市民に属していることが普通で、国家に属していることは珍しかったことがわかる。

44. 正解：(C)

質問・選択肢の訳

12 行目の単語 "exemplary" に最も近い意味を持つのは

(A) 準備の

(B) 前兆となる

(C) 目立った

(D) 学問的な

解説 語彙に関する問題。exemplary は「典型的な、代表的な、称賛すべき」などの意味。12 行目の Other helots earned it through exemplary combat ... という部分から、ヘロットは戦うことによって it（freedom を指している）を獲得することができたと説明されている。自由を手に入れるためには、「目立った」功績をあげなければならなかったと考えることができる［→解法 48］。

45. 正解：(C)

質問・選択肢の訳

パッセージによると、スパルタの女たちに与えられていなかった権利は以下のどれですか。

(A) さまざまな資産の所有権

(B) スポーツ訓練

77

(C) 自由意志による離婚

(D) 十分な学校教育

解説 書かれていない情報を問う問題［→解法44］。誤った選択肢（＝パッセージに書かれている内容）を1つずつ潰していく。第2段落の15行目に They received extensive academic and athletic training. とあるので、(B) と (D) は誤り。17〜18行目に Spartan women could also inherit or purchase homes, animals, or land. とあるので (A) も誤り。homes, animals, or land が (A) の various assets に該当する。スパルタの女性は、子供を産むために夫以外の男性と関係を持つことがあったと述べられてはいるが、自由に離婚できたという記述はないので (C) が正解。

46. 正解：(B)
質問・選択肢の訳

17行目の単語 "disparaged" に最も近い意味を持つのは

(A) 延期した

(B) 非難した

(C) 交換した

(D) 武装した

解説 語彙に関する問題。disparage は「けなす、非難する」の意味なので、(B) denounced（非難した）が正解。17行目の disparaged の直前にある angrily（怒りをもって）という語をヒントにすれば、その後に続くのは否定的な意味を持つ語であると推測できる［→解法48］。選択肢の中で、否定的な意味を持っている語は (B) のみである。

47. 正解：(C)
質問・選択肢の訳

なぜ、スパルタでは外交官の成功に対して大きな名誉が与えられたのですか。

(A) 外交官の数がかなり少なかったから。

(B) スパルタでは外交交渉を行うことが珍しかったから。

(C) スパルタは慎重な外交政策をとっていたから。

(D) 条約は戦争へとつながる巧妙な準備行為だったから。

解説 細部を問う問題［→解法43］。21〜23行目に、However, they did not engage in conflict recklessly. Wherever possible, they forged peace treaties and alliances ... とあることから、スパルタ人の外交政策が和平条約や同盟を重要視する慎重なものであったことがわかる。

78

48. 正解：(D)

質問・選択肢の訳

26 行目の単語 "precipitated" に最も近い意味を持つのは

(A) 理解した

(B) 疑問視した

(C) 戦った

(D) 引き起こした

解説 語彙に関する問題。precipitate は「引き起こす」の意味。第 3 段落前半では、スパルタが軍事行為に関して慎重であったと述べられている。25 〜 27 行目の Indeed, the climactic Peloponnesian War, ... was precipitated by "the rise of Athens," ... not Sparta. では、ペロポネソス戦争と「アテネ人の決起」の関係が述べられているので、アテネ人がこの戦争を「引き起こした」ということが推測できる［→解法 48］。

49. 正解：(B)

質問・選択肢の訳

28 行目の単語 "these" が指しているのは

(A) 愛国心

(B) 自由

(C) 市民

(D) スパルタ人

解説 代名詞に関する問題［→解法 46］。代名詞が何を指すかを尋ねる問題は、その直前を注意深く読むことで正しく解ける。代名詞 these が含まれている文の直前に、However, Sparta had scant private liberties. という文があることから、these は liberties を指していることがわかる。また、スパルタ人がわずかしか持っていなかったものと、スパルタの創始者によって制限されたものは同じであると推測できる。

50. 正解：(B)

質問・選択肢の訳

スパルタのエンターテイメントの形式についてパッセージから推測できるのは

(A) 国家の資金に大きく依存していた

(B) 国粋主義的な傾向があった

(C) 主に下級階層によって創作されていた

(D) 厳しい検閲を経ていた

解説 細部を問う問題［→解法 43］。スパルタのエンターテイメントについては、

79

第3段落の最後で述べられている。29〜30行目の ..., but it also almost invariably held a patriotic slant. に答えがある (it は前の文の entertainment を指している)。patriotic slant（愛国的な傾向）が (B) の nationalistic in tone（国粋主義的な傾向）に言い換えられている。

☑ チェック！重要語句

□ **militaristic** 形軍国主義の □ **dictatorship** 名独裁国家 □ **freedman** 名(奴隷の身分から解放された) 自由民 □ **artisan** 名熟練工 □ **essentially** 副本質的には □ **carry out** 行う □ **manual labor** 肉体労働 □ **interestingly** 副興味深いことに □ **uniquely** 副比類なく □ **donate** 動寄贈する □ **produce** 名農産物 □ **lethal** 形致命的な □ **raid** 名襲撃 □ **rebel** 名反抗者 □ **exemplary** 形模範的な □ **combat** 名戦闘 □ **auxiliary** 名補助兵、援助者 □ **extensive** 形広範囲に及ぶ □ **counsel** 名助言 □ **disparage** 動非難する □ **inherit** 動相続する □ **liaison** 名関係 □ **affection** 名愛情 □ **pregnant** 形妊娠した □ **engage in 〜** 〜に従事する □ **recklessly** 副無謀にも □ **forge** 動構築する □ **peace treaty** 平和条約 □ **alliance** 名同盟 □ **diplomatic** 形外交の □ **feat** 名功績 □ **commonly** 副一般に □ **honor** 名名誉 □ **conquest** 名征服 □ **climactic war** 決戦 □ **founder** 名創始者 □ **circumscribe** 動制限する □ **scant** 形わずかな □ **impressive** 形印象的な □ **invariably** 副常に □ **patriotic** 形愛国的な □ **slant** 形観点、傾向 □ **ancient** 形古代の □ **biography** 名伝記 □ **refute** 動意義を唱える □ **uncommon** 形珍しい □ **practice** 名実践 □ **grant** 動与える □ **assets** 名(通常複数形で) 資産 □ **voluntary** 形自由意志の □ **divorce** 名離婚 □ **diplomat** 名外交官 □ **diplomacy** 名外交関係 □ **cautious** 形慎重な □ **prelude** 名前兆 □ **funding** 名資金 □ **nationalistic** 形国家主義的な □ **tone** 名調子、傾向 □ **censorship** 名検閲